シリーズ「遺跡を学ぶ」046

律令体制を支えた地方官衙

弥勒寺遺跡群

田中弘志

新泉社

律令体制を支えた地方官衙
―弥勒寺遺跡群―

田中弘志

【目次】

第1章　壬申の乱とムゲツ氏

1　壬申の乱

美濃師三千

六七二年（天武《てんむ》元）、天智《てんじ》天皇の死後、大友皇子《おおとものおうじ》（天智の子）と大海人皇子《おおあまのおうじ》（天智の弟で、後の天武天皇）との間で皇位をめぐる争いが起こった。周辺の豪族を巻き込んだ、いわゆる壬申《じんしん》の乱である（図1）。

吉野に逃れていた大海人皇子は、大友方の不穏な動きを察知し、美濃《みの》出身の三人の舎人《とねり》、身毛君広《むげつきみひろ》・村国男依《むらくにのおより》・和珥部臣君手《わにべのおみきみて》をただちに美濃に派遣し、味蜂間《あはちま》郡の湯沐邑《ゆのむら》（現在の安八《あんぱち》郡を中心とする不破《ふわ》郡の東一帯）に、戦いに備えるよう指示を出した。そして、速やかに吉野を発し、伊勢の朝明《あさけ》郡に達するころに「美濃師《いくさ》三千」（美濃の兵士三〇〇〇人）を動員して「不破之道」（後に不破の関が置かれる）を塞《ふさ》ぐことに成功した、という報がもたらされる。

　大海人は、すぐさま不破の道に近い野上《のがみ》に行宮《あんぐう》を移し、そこを拠点とした快進撃が始まる。軍勢を二手に分け、村国男依らを将軍とする一翼を正面から押し出し、ついに大友軍を瀬田《せた》の唐橋《からはし》まで追いつめて、戦いに勝利するのである。

身毛君広

　美濃に派遣された舎人の一人、身毛君広の号令のもと、兵士として召集された美濃の人びとは長良《ながら》川に舟を漕ぎ出した。

　時を同じくして村国男依が率いる軍勢は木曽《きそ》川を、和珥

図１ ● 壬申の乱の進軍ルート
大海人皇子方についた美濃の豪族ムゲツ氏らは、長良川、木曽川、揖斐川を下り、「不破之道」を目ざした。

部臣君手の軍勢は揖斐川《いび》を下り、不破の道を目ざしたのである。

正倉院《しょうそういん》文書のなかに七〇二年（大宝《たいほう》二）の美濃の戸籍（「大宝二年御野国戸籍」）が残されている。そのなかの「加毛《かも》郡半布《はにゅう》里」（現在の岐阜県加茂《かも》郡富加《とみか》町羽生《はにゅう》付近）の戸籍に、郡司《ぐんじ》クラスの官人が帯びる「正八位上」、「従七位下」という高い位を帯びた農民たちが見出せる。年齢は五八〜六〇歳、大宝二年からさかのぼること三〇年の壬申の年、彼らは二八〜三〇歳の屈強な若者であった。身毛君広の要請に応じて長良川畔にはせ参じた兵士たちであり、おそらく乱において目ざましい活躍をした者たちだろう。美濃には壬申の乱の論功行賞の結果、帯位者となった農民たちが相当数いたことが推しはかられる。

2　美濃の豪族

ムゲツ氏の系譜

美濃の兵士を率いて壬申の乱を戦った身毛君広をだしたムゲツ氏は、その名のとおり美濃国武義《むぎ》郡（図3）を本拠地とした豪族で、史料には牟義都・身毛・牟宜都・牟義津・牟下都・牟下津・牟義・武義・牟下など、さまざまに表記される。

『古事記』や『日本書紀』によると、父方を天皇家に、母方を美濃国造とする祖先伝承をもち、また『上宮記』にみる継体《けいたい》天皇の系譜には、祖母が「牟義都国造伊自牟良《いじむら》君女子」とある（図2）。ムゲツ氏が大王家と深く結びついた、いわゆる伝統的地方豪族と称されるのは、このた

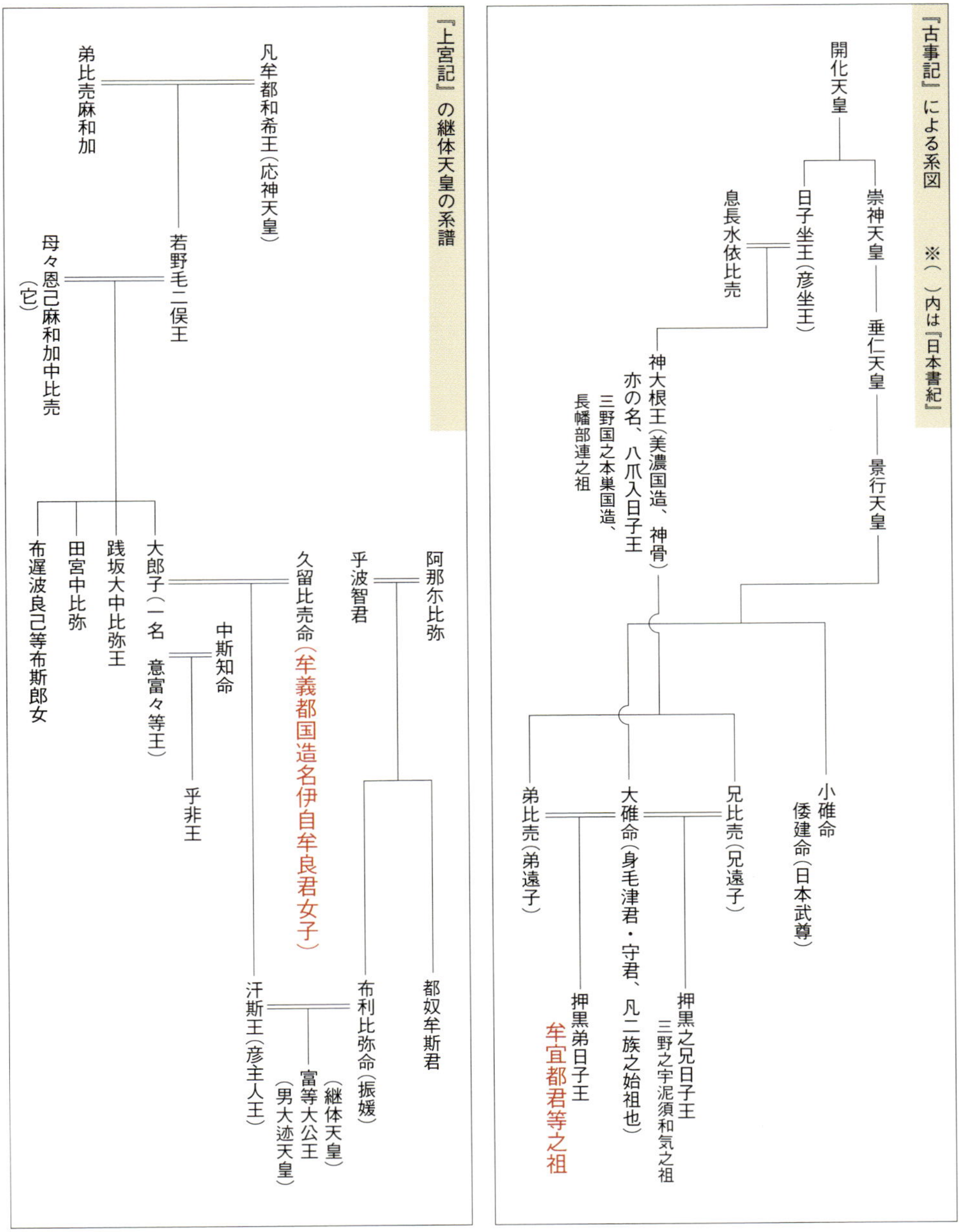

図２ ●『古事記』と『上宮記』にみるムゲツ氏の系譜
ムゲツ氏は父方を天皇家に母方を美濃国造とする祖先伝承をもつ。

めである。

そもそも美濃国は、古くはヤマトタケルの熊襲《くまそ》征討に際し「善射者《よくいるひと》」が召されて付き従った伝承からしても、大王家の軍事力の一翼をになう存在として描かれている。また『日本書紀』雄略《ゆうりゃく》天皇七年（四六三）八月条にみる吉備臣《きびのおみ》氏の「朝廷」への抵抗に対して、身毛君大夫《むげつのきみますらお》が吉備に派遣された記事がみえる。ムゲツ氏が、軍事的役割をになっていたことが推測されるのである。

また、第4章でも述べるように、ムゲツ氏は宮中の水の祭祀をつかさどるという一面ももっていた。

ムゲツ氏の拠点

奥美濃の山あいを抜けて流れる長良川は、濃尾《のうび》平野にさしかかるところで山塊に行く手をはばまれ、鋭角的に屈曲して西に流路を変える。この屈曲の内側で、背後の池尻山との間に形成された狭

図3 ● ムゲツ氏の本拠地・令制下の武義郡
東山道が貫く美濃国。武義郡は飛騨支路に位置する。

図４●弥勒寺遺跡群
手前の川畔に弥勒寺跡、弥勒寺東遺跡、弥勒寺西遺跡、池尻大塚古墳（関市池尻）、奥に丸山古窯跡（美濃市大矢田）がある独立丘陵がみえる。

小な河岸段丘上（岐阜県関市池尻字弥勒寺）にムゲツ氏の拠点がある。氏寺である国指定史跡弥勒《みろく》寺《じ》跡と武義郡衙《むぎぐんが》に比定される弥勒寺東遺跡である（図4・5・7）。

ここは、小瀬《おぜ》峡谷とよばれる自然の要害でもある。郡域の最南端に位置し、大小の支流を集めて郡域を貫く長良川を扇にたとえるならば、まさにその要《かなめ》の位置にあたり、舟運の要衝の地でもある。また、弥勒寺跡の西の谷あいに、祭祀跡の弥勒寺西遺跡と、さらに西側で池尻山の支尾根の麓に、ムゲツ氏の奥津城《おくつき》と考えられる池尻大塚《いけじりおおづか》古墳（方墳）が存在する（図6）。石室の石材が露出しており「美濃の石舞台古墳」ともよばれ、一辺二二・四メートル、墳丘基底部から露出した天井石の頂点までの高さは三・七メートルを測る。

これらの遺跡を総称して弥勒寺遺跡群とよんでいる。

弥勒寺跡周辺には、池尻大塚古墳のほかに小瀬

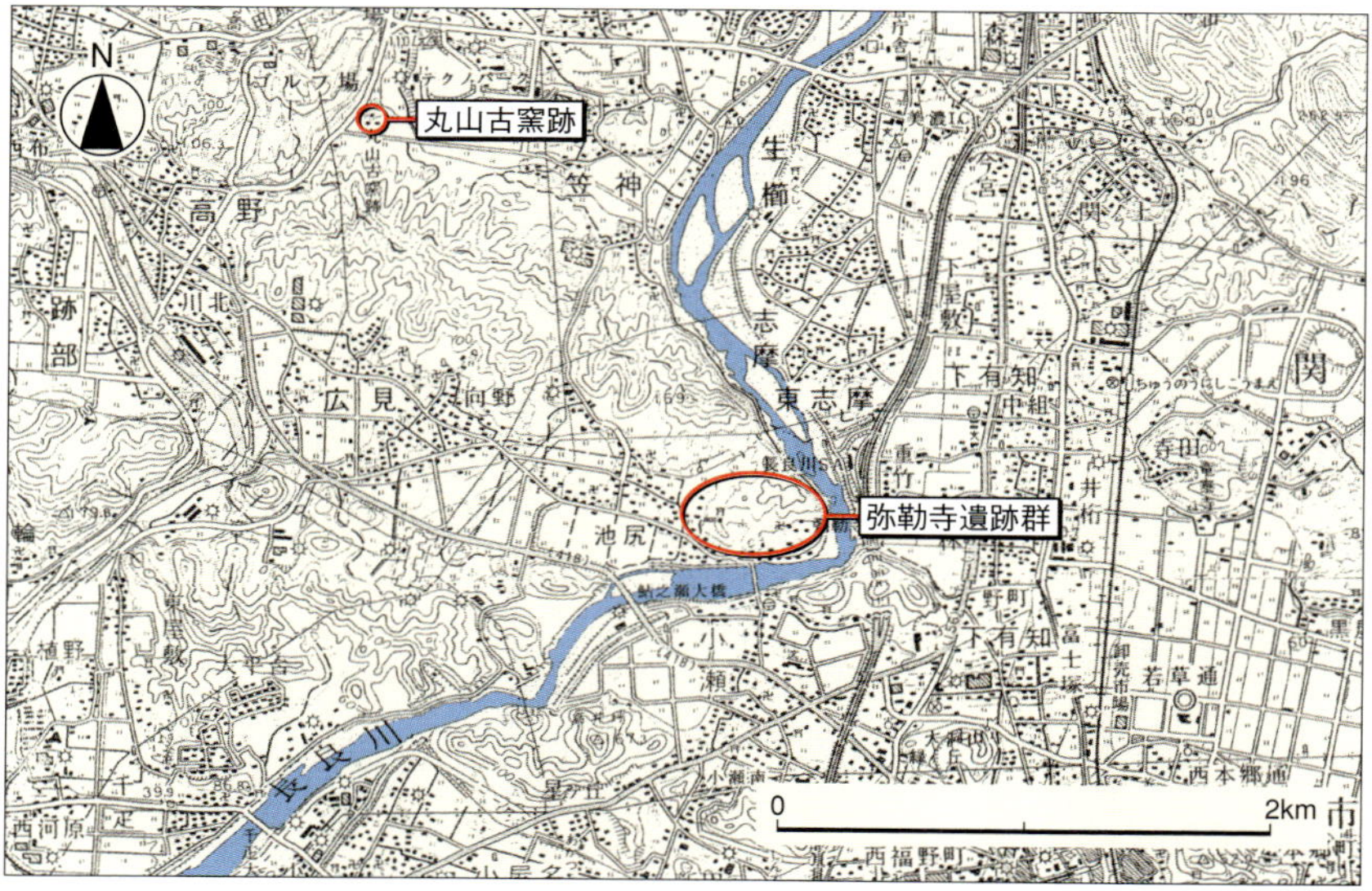

図5 ● 長良川畔に立地する遺跡

国指定史跡としての正式な名称は、つぎのように表記される。弥勒寺官衙遺跡群
弥勒寺官衙遺跡
弥勒寺跡
丸山古窯跡

方墳（関市指定文化財）、八王子《はちおうじ》古墳、御前塚《ごぜんづか》古墳、殿《との》岡《おか》一号墳（美濃市指定文化財）などの方墳が数キロメートルの範囲に集中して分布しており、これらは「弥勒寺」を造営した勢力、すなわちムゲツ氏の趨勢と密接に関連していると思われる。

二〇〇七年二月、弥勒寺東遺跡が国の史跡に追加指定

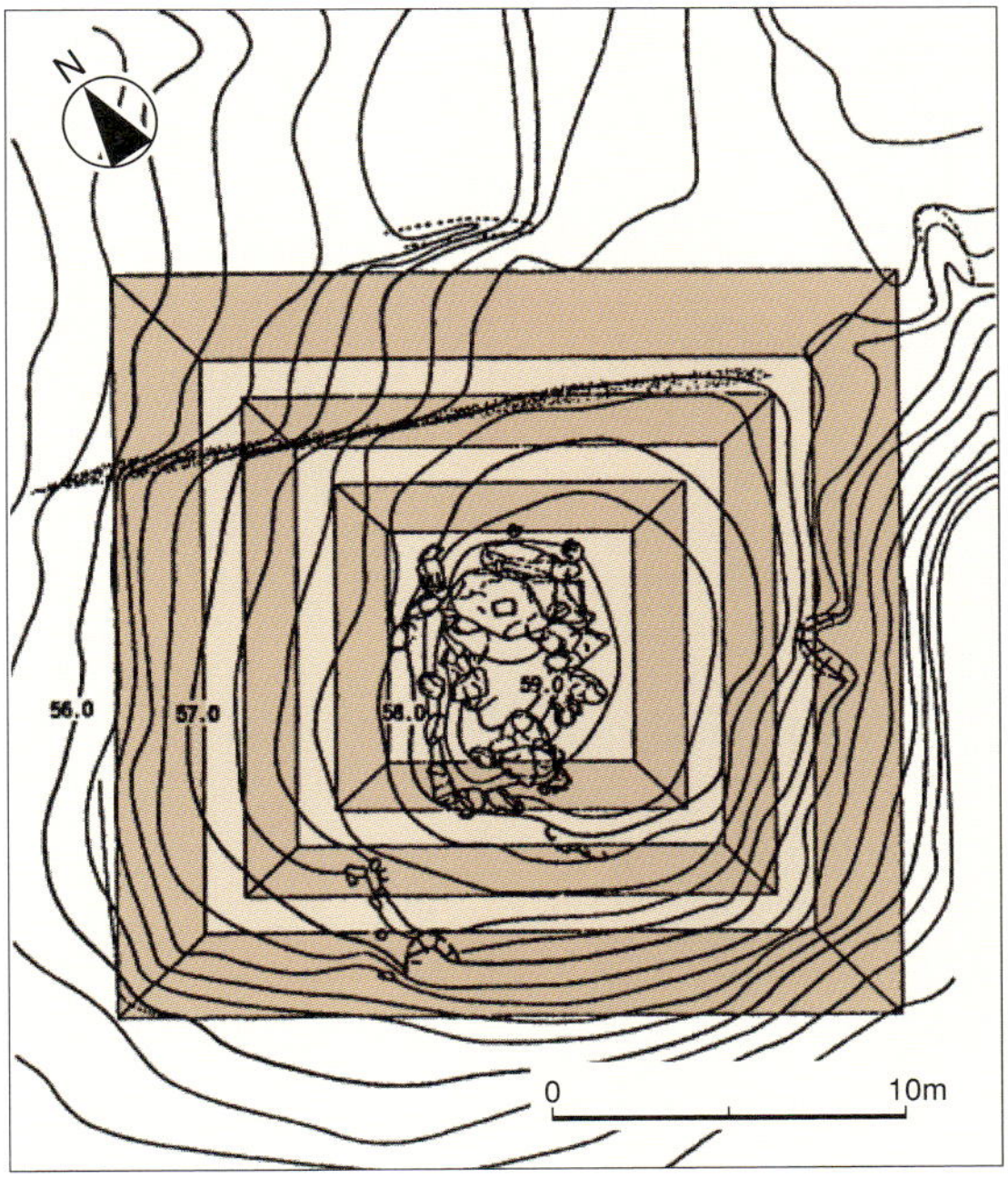

図６ ● ムゲツ氏の奥津城・池尻大塚古墳
一辺 22.4 m、石室が露出した方墳で、天井石の頂点までの高さ 3.7 m。
本来は高さ４m を超え、三段に築成された方墳と考えられる。

池尻山
講堂
塔
門跡
館・厨区域
正倉院
郡庁院
弥勒寺古墳
弥勒寺東遺跡
(弥勒寺官衙遺跡)
国指定史跡・弥勒寺官衙遺跡群
発掘調査範囲
飛鳥・白鳳時代～奈良時代
奈良時代～平安時代
0
100m

図7 ● 弥勒寺遺跡群の全容
長良川と背後の池尻山にはさまれた限られた範囲に、すべての郡衙の機能が集まっている。

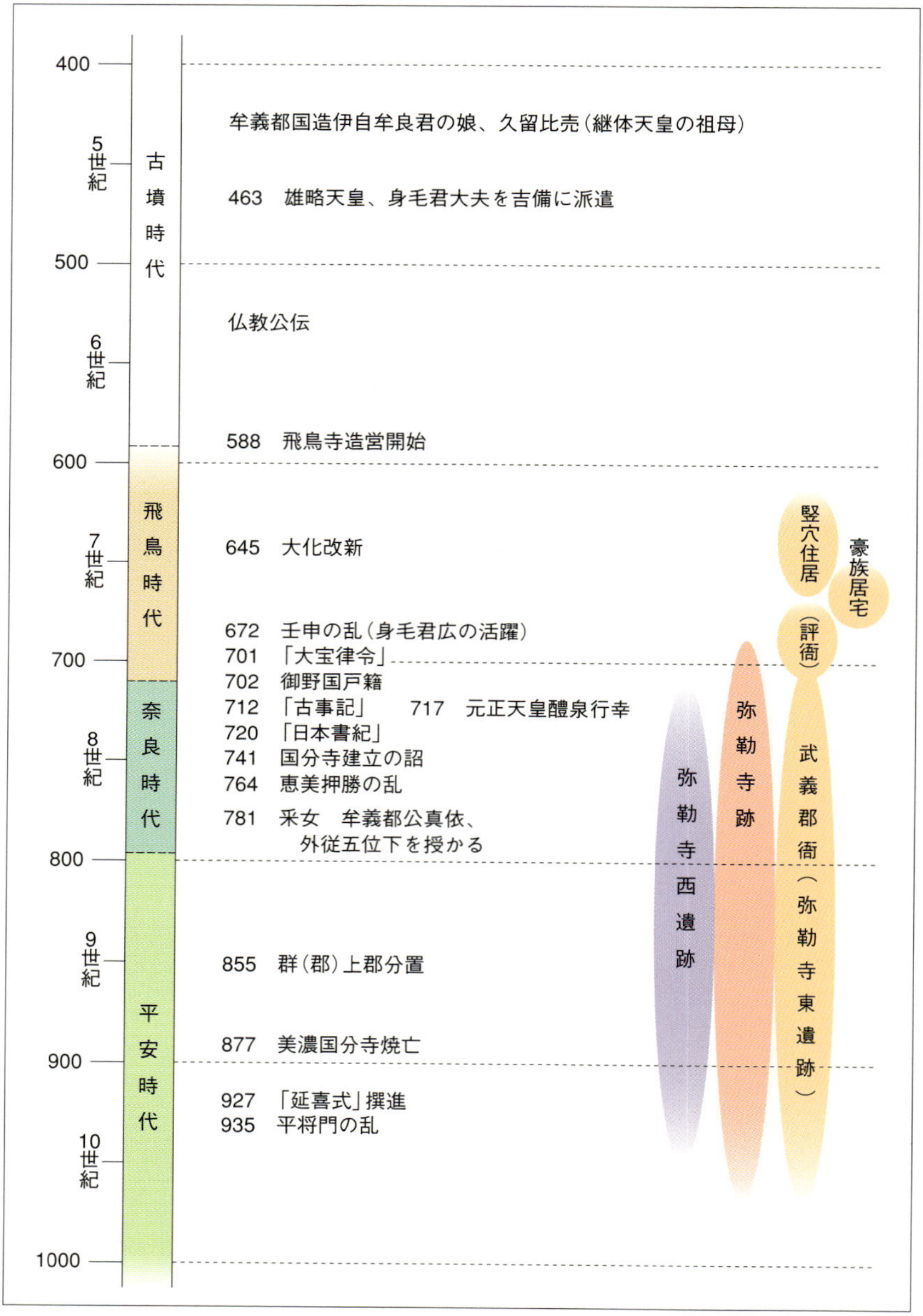

図 8 ● ムゲツ氏関係年表
ムゲツ氏は、史料にしばしば登場する伝統的な地方豪族。

されたことにより、史跡としての名称は「弥勒寺官衙《かんが》遺跡群」に変更された。したがって、弥勒寺官衙遺跡群という場合は、弥勒寺跡と弥勒寺東遺跡を指す。

乱後を語る遺跡

壬申の乱は、皇位継承争いとしてだけではなく、その歴史的意味については当時の東アジアの情勢、とくに朝鮮半島の国々との関係や、その背後にある大陸、すなわち中国の情勢を視野に入れなければ理解できないだろう。六六三年に唐・新羅《しらぎ》連合軍に攻撃された百済《くだら》救援におもむいた日本は、白村江《はくそんこう》で大敗し、唐の侵攻という脅威にさらされていたのである。単なる内乱ということではなく、唐や新羅などの国々と対等に付き合っていくための国のあり方を決する重要な局面であった。地方の豪族にあっては、どちらの勢力にくみするかによって、一族の命運がかかっていたのである。乱後、身毛君広・村国男依・和珥部臣君手の三人の舎人のうち、村国男依は連姓《むらじ》を賜り、中央官僚として活躍する。和珥部臣君手もまた、中央に進出し、官僚となっている。ただ一人、身毛君広は、位階を贈られた記録がない。身毛君広は、その拠点小瀬峡谷で地歩を固めることを選択したと考えられてきた。

弥勒寺遺跡群は、壬申の乱前後の社会的緊張状態を背景とした地方豪族の動きや、その後の律令国家を支えた地方末端行政の実態に迫ることのできる遺跡群であり、また考古学的成果と史料に、接点が見いだせる稀有な例として注目されている。

第2章　氏寺「弥勒寺」

1　弥勒寺跡の調査

「弥勒寺」

壬申の乱後に建立されたムゲツ氏の氏寺は、古代になんとよばれていたかは定かではない。史料で確認できる弥勒寺は、揖斐《いび》郡横蔵寺《よこくらでら》文書『虫供養結舎末山《むしくようけっしゃまつざん》並《ならびに》講衆頭取之人別《こうじゅうとうどりのにんべつ》』に、「永和四年（一三七八）武儀郡池尻野弥勒寺」とみえるのが最古の例で、その後、円空（円空仏で知られる遊行《ゆぎょう》僧、一六三二〜一六九五）が一六八九年（元禄二）に園城寺《おんじょうじ》（三井寺《みいでら》）の末寺として再興したとき、往古の寺号にしたがったとされている。

本書では、古代における寺号が未詳であるため、跡を省略する場合、現代に法灯を受け継ぐ弥勒寺と区別するために、鍵カッコを付けて「弥勒寺」とする。

最初の調査

「弥勒寺」の塔跡は、一九三〇年（昭和五）に、すでに県の史跡指定を受けていた。当時の標柱「史蹟廃寺塔跡」には、「将来此の地方の歴史的考証となるものですから此の土壇又は礎石は破壊してはいけません」とある。地域の財産としてたいせつにしなければならないと考えた地元篤志家《とくしか》の遺跡に対する認識と適切な処置が、今日の国指定史跡・弥勒寺官衙遺跡群につながっていることを銘記しなければならない。

一九五一年、東京国立博物館の学芸部長であった仏教考古学の第一人者、石田茂作《いしだもさく》のもとへ弥勒寺跡の調査を要請する手紙を出した地元の人がいた。小瀬郵便局長を務めていた足立熈《あだちひろむ》である。当時、農繁期の保育施設が各地区に設けられたが、「寺社の傍《かたわ》らに建てるのが良し」とされていて、池尻地区もその建設予定地として荒れ野ではあったが、弥勒寺の周辺が候補にあがっていたのである。

石田は、「西下の序《つい》でに是非《ぜひ》お立ち寄りいただきたい」との再三の要請に応えて、一九五二年に関市を訪れた。弥勒寺

図９ ● 県指定史跡標柱
「弥勒寺」の塔跡は、1930年に県指定史跡となっている。

所蔵の瓦を実見し、また簡易なボーリング調査によって金堂跡を推定して、白鳳《はくほう》寺院の存在を確信するに至り、翌一九五三年、はじめての学術調査が実施された（図10）。地方寺院の発掘調査としては先駆的な事例として、それまで畿内中心であった古代寺院研究に一石を投じることになる。

住民参加の発掘調査

石田茂作の指導による弥勒寺跡の第一次発掘調査は、関市史編纂《へんさん》の最初の事業と位置づけられ、立正大学の丸子亘《まるこわたる》を助手に、各地区ごとに委嘱されていた市史編纂委員二〇名、当時の弥勒寺住職久世円海《くぜえんかい》、地元の中学校教諭・生徒、有志らが参加して、九月下旬から一〇月上旬にかけておこなわれた（図11）。

この成果は、翌年の『MUSEUM』（東京国立博物館）三〜五月号に報告されている。

図 10 ● **第1時次調査当時**（1953 年）**の弥勒寺周辺**
手前に第１次調査のときのテントが見える。テントの奥の原野が弥勒寺東遺跡。

石田茂作と発掘調査に参加した生徒たち。

図 11 ● **発掘調査に参加した地元の人たち**
当時めずらしかった発掘調査が地域住民への大きな啓発となる。
発掘調査の開始は保存への第一歩でもあった。

このなかで石田は「伽藍配置の堂々たること、瓦の文様の優秀なること等、中央の寺院に対して少しの遜色なきのみならず、規格の整然たること、中央にまだ見ないほどりっぱなものである」とし、造営に際しては都から寺工や瓦工がきているにちがいないとしている。また、「伽藍配置が、天武天皇と特別の関係にある川原寺《かわらでら》のそれと同じであり、瓦もまた彼寺のとははなはだ似ておることを思うとき、ただの僻辺寺院としてそのあまりにも整った配置、あまりにもすぐれた瓦は、武義公一族の新文化への関心のことに深かったことを思わしめる」と述べ、「創建が天武以後と推せられるにおいて、白鳳時代における美濃と大和との交渉を考えに入れてこそ理解されるのではあるまいか」（原文を翻案）と壬申の乱とかかわる「弥勒寺」の歴史的背景について卓見を述べている。

図 12 ● 石碑「史跡　弥勒寺跡」
石田茂作の書。手跡をいただいたおり、銘を打つことをかたく辞された。これは文化財担当を引き継ぐ職員の口伝である。

ちなみに当時、法起寺《ほうきじ》式伽藍《がらん》配置と考えられていた川原寺は、一九五七年から五九年にかけておこなわれた発掘調査によって、創建時の姿が明らかになった。一塔二金堂の伽藍で、以後、川原寺式伽藍配置とよばれるようになる。

国指定史跡　弥勒寺跡附丸山古窯跡

一九五六年八月、同じ調査体制で第二次調査が実施された。第一次調査で明らかにできなかった講堂の範囲を調査するためである。調査はいたる所で「攪乱地層」にはばまれ、講堂《こうどう》の柱間《はしらま》、回廊《かいろう》の存在を明確に示す遺構を検出するには至らなかった。しかし、南門の礎石《そせき》の位置を示すと思われる根石《ねいし》（礎石の下やまわりに置いて礎石を安定させる石）を発見したことにより、これが寺域の南端とされ、後の史跡指定範囲の根拠になっている。

図 13 ● 丸山古窯跡
弥勒寺遺跡群の北西約 3.3 km にある独立丘陵上に４基の須恵器窯がある。
そのうちの第３号窯から「弥勒寺」所用の重弧文軒平瓦が出土した。

かくして一九五九年に、四〇〇尺（一二一・二一メートル）四方が国指定史跡とされた（図12）。おりしも一九五七年に、名古屋大学の澄田正一《すみたしょういち》の指導によって発掘調査された丸山古窯跡《まるやまこよう》（美濃市大矢田字丸山南・図13）が、「弥勒寺」に瓦を供給した窯跡の一つであることが重弧文軒《じゅうこもんのき》平瓦《ひらがわら》、凸面布目《とつめんぬのめ》平瓦が出土したことによって判明しており、附丸山古窯跡として同時に指定を受けている。

現在までのところ明らかになっている「弥勒寺」の姿を概観しよう。

2 「弥勒寺」の伽藍

法起寺式伽藍配置と川原寺式瓦

「弥勒寺」は左に金堂《こんどう》、右に塔を配する法起寺式の伽藍配置をとり（図14・15）、軒瓦《のきがわら》は川原寺式の複弁蓮華文軒丸瓦《ふくべんれんげもんのきまるがわら》・四重弧文軒平瓦、そして凸面布目の平瓦をもつ（図16）。

平瓦の布目は、桶《おけ》状の型に粘土を押しつけて成形する、いわゆる桶巻きづくりの工程で、粘土のはがれをよくするために巻かれた布の圧痕が付くもので、通常は凹面に付く。凸面に布目がある平瓦の成形技法は、とくに川原寺の瓦に用いられた技法であり、「弥勒寺」造営に際して、この技法を身に付けた工人の派遣が、中央からあったことが推測される。

塔　一一・五メートル（三八尺）四方で、高さ九〇センチ（三尺）ほどの石積み基壇（図17）の中央に塔心礎《しんそ》（図18）が残っている。建物は三×三間の構成で、その一辺は六・三六

◀図14 ● **弥勒寺跡**
左に金堂、右に塔を配する法起寺式伽藍配置。
回廊、経蔵、鐘楼は石田茂作の推定である。

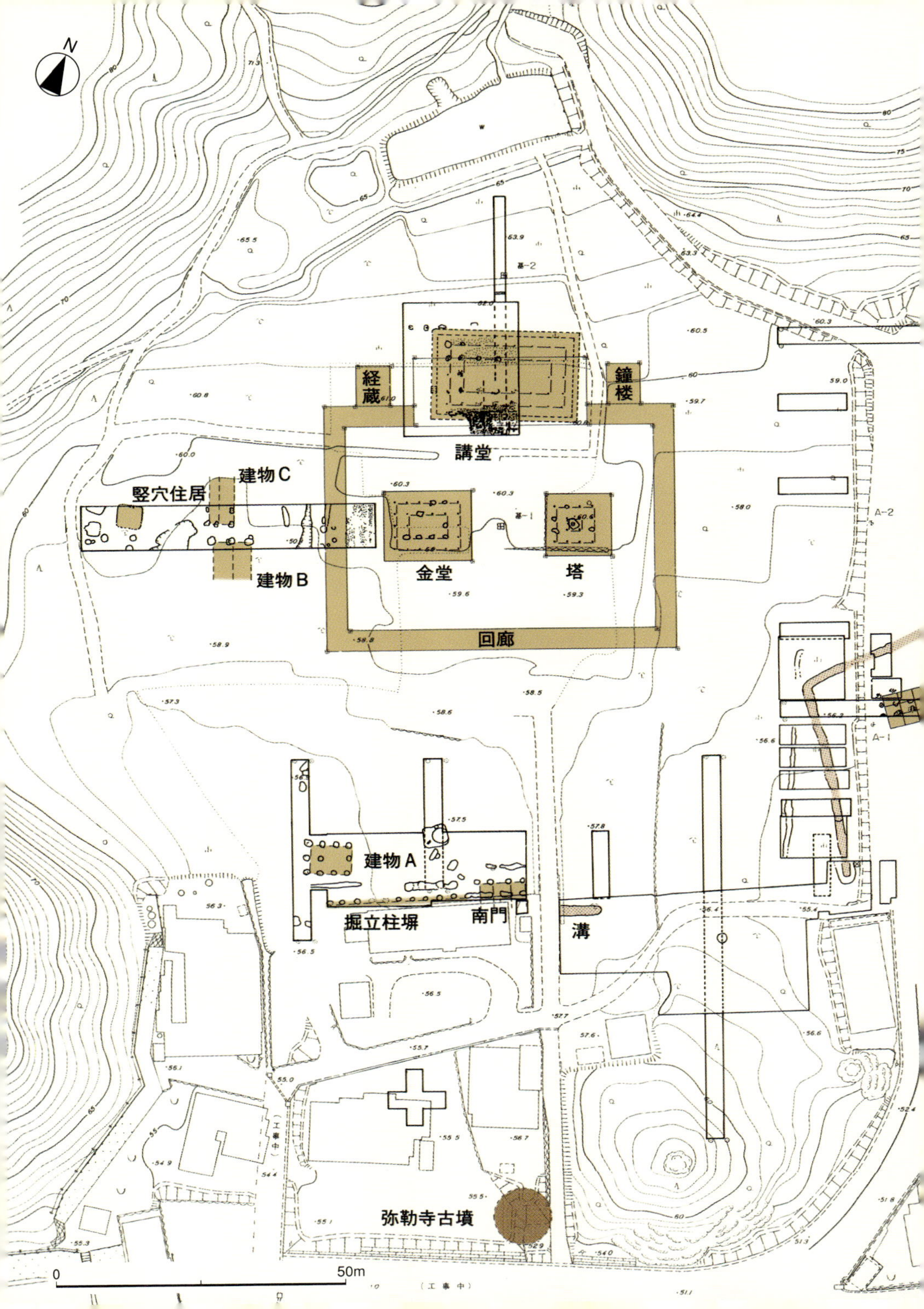
N
経蔵
鐘楼
講堂
建物C
竪穴住居
金堂
塔
建物B
回廊
建物A
掘立柱塀
南門
溝
弥勒寺古墳
A-1
A-2
墓-1
墓-2
（工事中）
0
50m

メートル。七尺等間《とうま》（等間隔）で柱が建てられ、その柱の礎石が四基残っている。

金堂　東西一四・八八メートル（四九・一尺）、南北一二・四二メートル（四一尺）ほどの石積み基壇上に、桁《けた》行三間、梁《はり》行二間の身舎《もや》（廂《ひさし》をのぞく正味の建物部分）の四面に廂が付く建物が建つ。廂の出も含めると間口一〇・九メートル（七・三尺等間）、奥行八・一八メートル（六・九尺等間）の大きさとなる。柱のうち、身舎の柱の礎石六基と廂の柱の礎石二基が残っている。

講堂　一九九八、九九年に実施した講堂跡の西半部分の調査によって、東西約二四メートル、南北約一四メートルの基壇上に建つ四面廂付きの建物であるということがわかった（図19）。身舎は桁行五間（一五メートル）、梁行三間（六メートル）で、柱間三メートル（約一〇尺）等間、廂の出が二・四メートル（約八尺）である。

なお、石田が想定した回廊は、講堂の西面にはとり

図 15 ●「弥勒寺」の復元図

複弁蓮華文軒丸瓦

四重弧文軒平瓦

軒平瓦の段の波紋

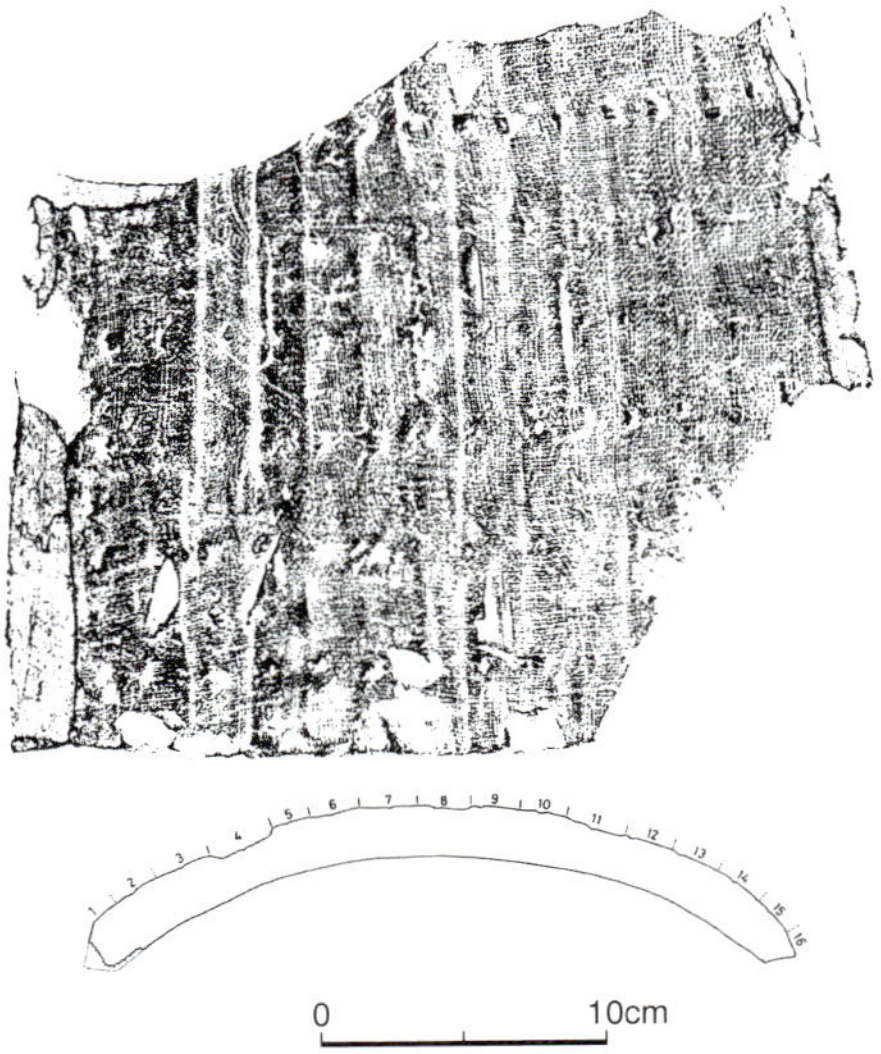

凸面布目の平瓦

図 16 ● 弥勒寺跡出土の瓦
川原寺式の複弁蓮華文軒丸瓦と四重弧文軒平瓦（左）。軒平瓦の段（顎）に波紋がほどこされているものがある。平瓦の半数以上を凸面布目の平瓦（右）が占める。

図 17 ● **塔跡**
講堂跡から塔跡を望む。

図 18 ● **塔心礎**
長径 1.97 m、短径 1.73 m。径 92 cm の大きな円柱座が彫込まれ、中心には径 13.6 cm、深さ 10.6 cm の舎利孔がうがたれている。

付かないことも判明した。ただし、講堂の北辺に沿って掘立柱《ほったてばしら》の列があり、発掘区域外の西方へつづく様子が確認できた。これが回廊か、あるいはそれに代わる内陣を囲う施設かは、今後の調査で明らかになるだろう。

「大寺」の墨書

講堂跡の調査では「大寺」と墨書された土器がはじめて確認された（図20）。それまでにも弥勒寺跡の出土品のなかに「大□」と判読不明の墨書土器が十数点見つかっていたが、それらもすべて「大寺」と見るべきことがわかったのである。「弥勒寺」という寺号がいつまでさかのぼれるかといった問題は別として、少なくとも「大寺」という象徴的な呼称が往時の通称であったと考えられる。

「弥勒寺」は、律令《りつりょう》を象徴する武義郡衙の景観とともに「武義の大寺」とよばれていたのである。

図 19 ● 講堂跡
南西より見る。1998 年に実施した西半部分の調査。

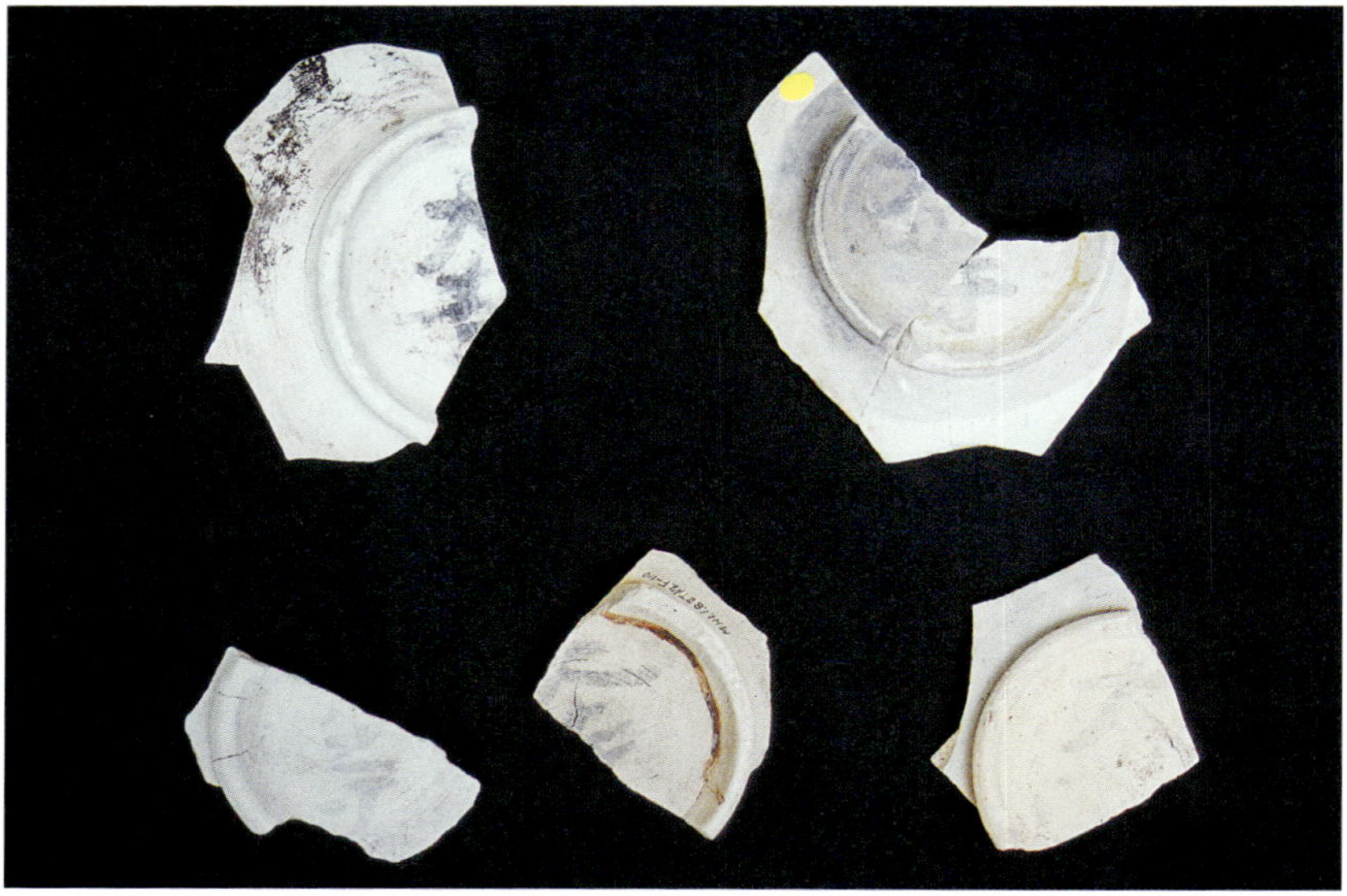

図 20 ●墨書土器「大寺」
講堂跡から出土した墨書土器「大寺」は、灰釉陶器に限ってみられる。

螺髪

三足の火舎

段皿

図 21 ●螺髪と緑釉陶器の三足の火舎、段皿
螺髪は高さ 3.9 cm、底径 3.2 cm で、丈六仏（高さ 4.85 m の塑像）の頭髪の表現。
緑釉陶器は関市域では、集落遺跡での出土例はなく、寺院跡ならではの優品。

そのほかの遺構・出土遺物

これらの伽藍を構成する主要な堂宇のほかに、一九八七年から九〇年にかけて実施した範囲確認調査によって、伽藍主軸に斜交した南門とそれにとり付く掘立柱塀や、それらの内側に建つ建物Ａ、金堂の西側で、建物Ｂ・Ｃ（図14）やカマドの補強に平瓦が使われた竪穴住居などが見つかった。

これらをもとに、一九九四年に、すでに指定されていた範囲の南側と西側で、二一三八・九三平方メートルの追加指定が図られた。しかし、依然として、寺域を画す施設や回廊、経蔵、鐘楼については明確な遺構が判明していない。今後に残された大きな課題である。

出土遺物として特筆すべきものに、螺髪《らほつ》や緑釉陶器《りょくゆうとうき》がある（図21）。

螺髪は、仏像の頭髪のちぢれ毛を表現したものである。出土した螺髪は、高さ三・九センチ、底径三・二センチほどの大きさで、塑像の頭部に刺してとり付けられていたらしく、底部に先の尖った棒の痕が残っている。その大きさから、立ち姿が一丈六尺（約四・八五メートル）、座像であればその半分の、いわゆる丈六仏《じょうろくぶつ》が「弥勒寺」に安置されていたことが推測される。

また、緑釉陶器は径九・四センチ、高さ一・九センチで内面の段が特徴的な皿と、径二五センチ、高さ五センチの器に三つの足が付いた火舎《かしゃ》（仏具）である。関市域では、集落遺跡で緑釉陶器が出土した例はない。いずれも寺院ならではの出土品である。

第3章　美濃国武義郡衙

1　整然と配置された郡庁院の殿舎

思わぬ発見

関市では、一九九一年から弥勒寺跡の史跡整備事業が始まり、その一環として一九九四年から弥勒寺東遺跡の発掘調査を実施した。

調査を開始して一カ月ほどたったころ、上層に礎石建ちの大形の倉、下層には大きな柱穴が検出されはじめた。その時点で下層は豪族の居宅、上層は郡衙に関連する遺構である可能性が考えられた。

しかし、発掘の予定期間は三カ月。予算もなかったが、遺跡の重要性から、その年度から開始する予定であった弥勒寺跡の整備事業の予算を弥勒寺東遺跡の発掘調査にあて、引きつづき調査をおこなうことになった。以来、二〇〇〇年まで、六次にわたる継続的かつ集中的な調査をおこなうことになる。第一次から第五次調査までは、五年間ぶっ通しの調査となり、第六次調査は、遺跡東端区域の門にかかわる遺構の補足的な調査を実施した（図22）。

その結果、弥勒寺東遺跡は、武義郡衙跡であることが明らかになったのである。史料にみえる郡庁院、正倉院、館院《たちいん》、厨院《くりやいん》など、郡衙を構成したすべての施設が把握できる稀有な例として注目されている（図23）。

また、この遺跡は郡衙成立以前の段階で「弥勒寺」が建立されるまでの飛鳥・白鳳時代（七世紀後半から八世紀初頭・Ⅰ期）と郡衙が存在した奈良時代初頭から平安時代中頃まで（八世紀初頭から一〇世紀前半・Ⅱ期）、さらに中世（Ⅲ期）の遺構が重なり合う複合遺跡でもある。

国衙に劣らぬ郡衙

大宝律令が制定され、奈良の都を中心とする

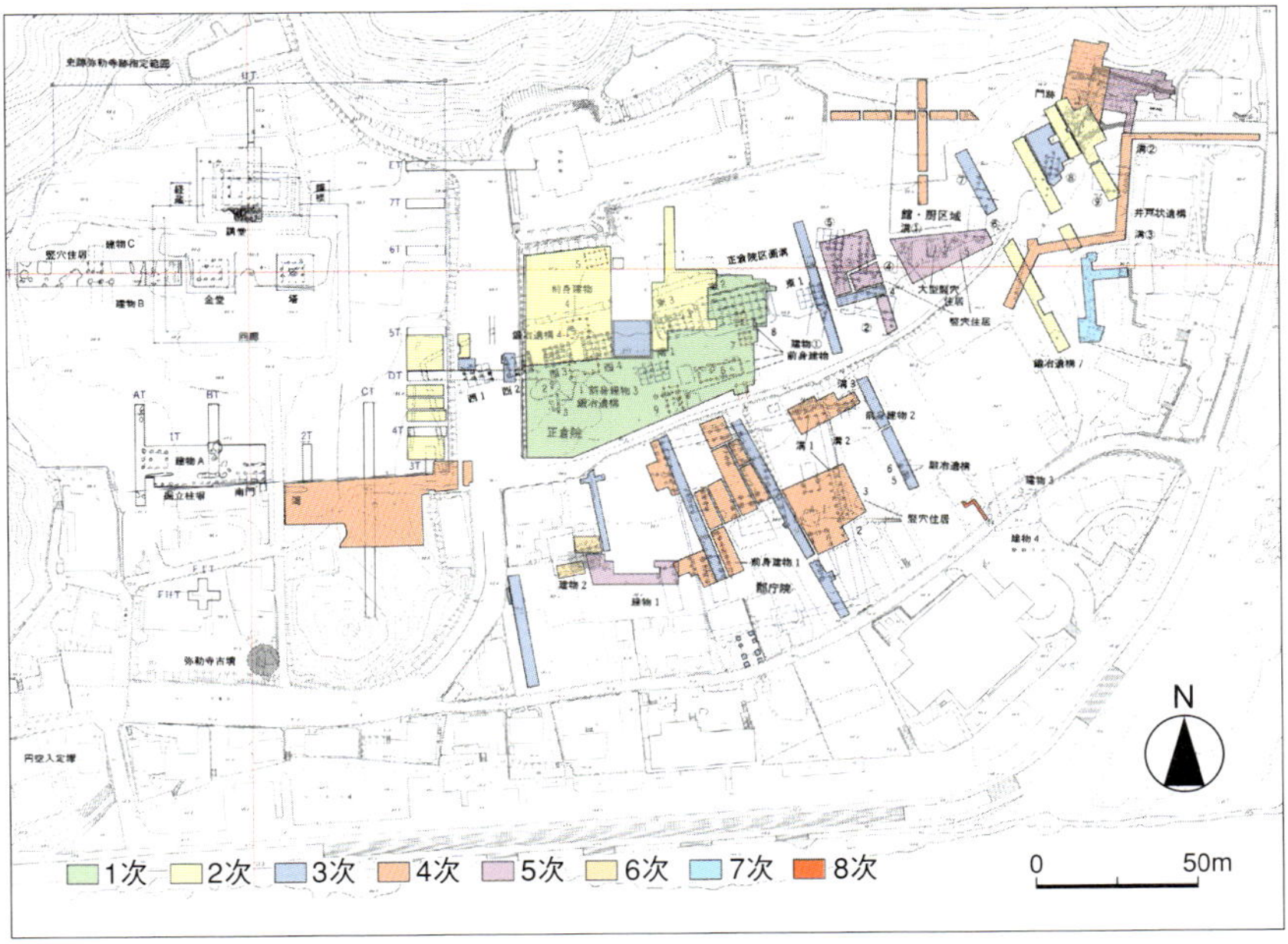

図22 ● 発掘調査区位置図
1994年から2005年まで、8次にわたる調査がおこなわれた。

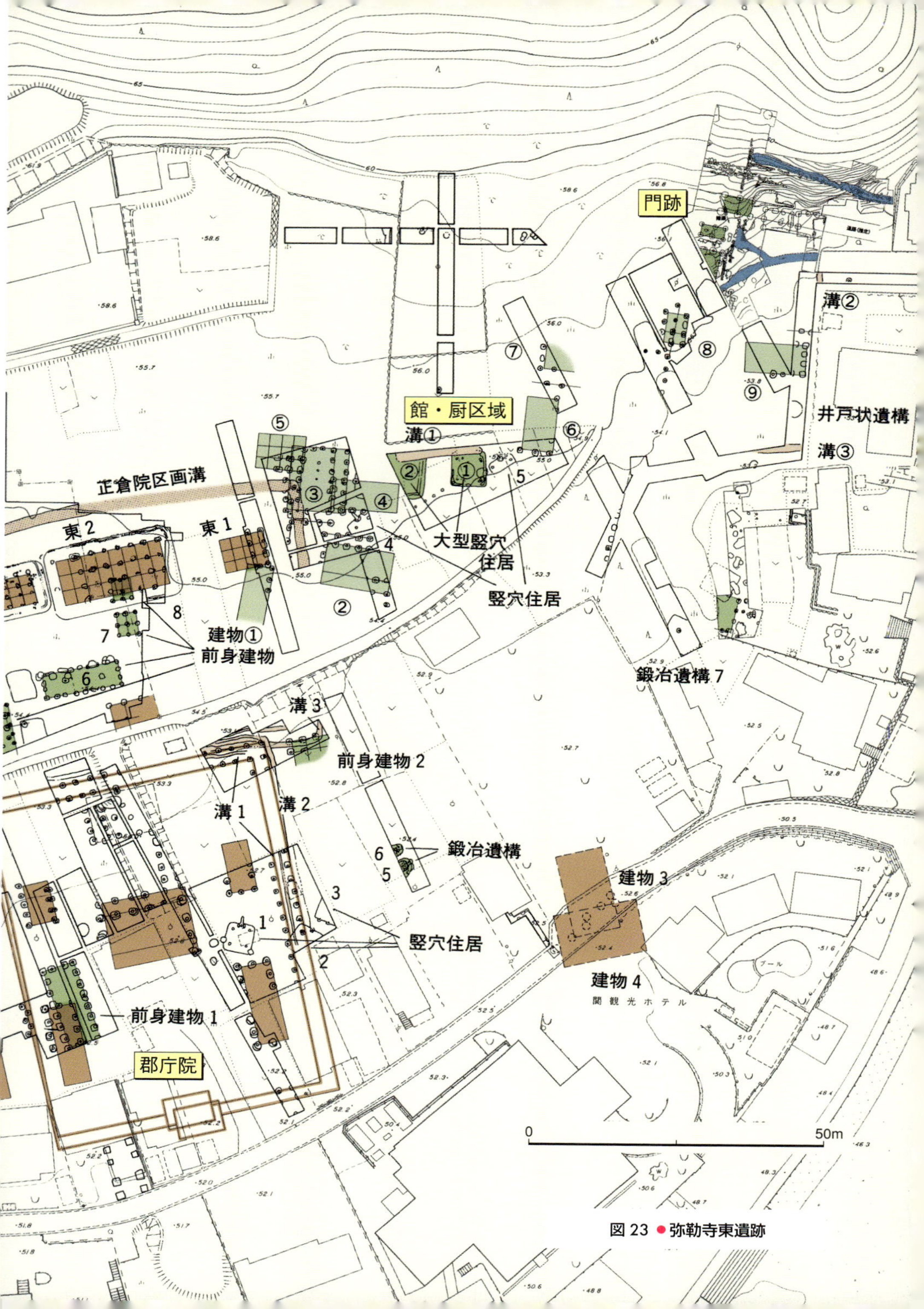
門跡
溝②
館・厨区域
溝①
井戸状遺構
溝③
正倉院区画溝
東 2
東 1
大型竪穴住居
竪穴住居
建物①
前身建物
鍛冶遺構 7
溝 3
前身建物 2
溝 1
溝 2
鍛冶遺構
建物 3
建物 4
竪穴住居
前身建物 1
郡庁院
0
50m

図 23 ● 弥勒寺東遺跡

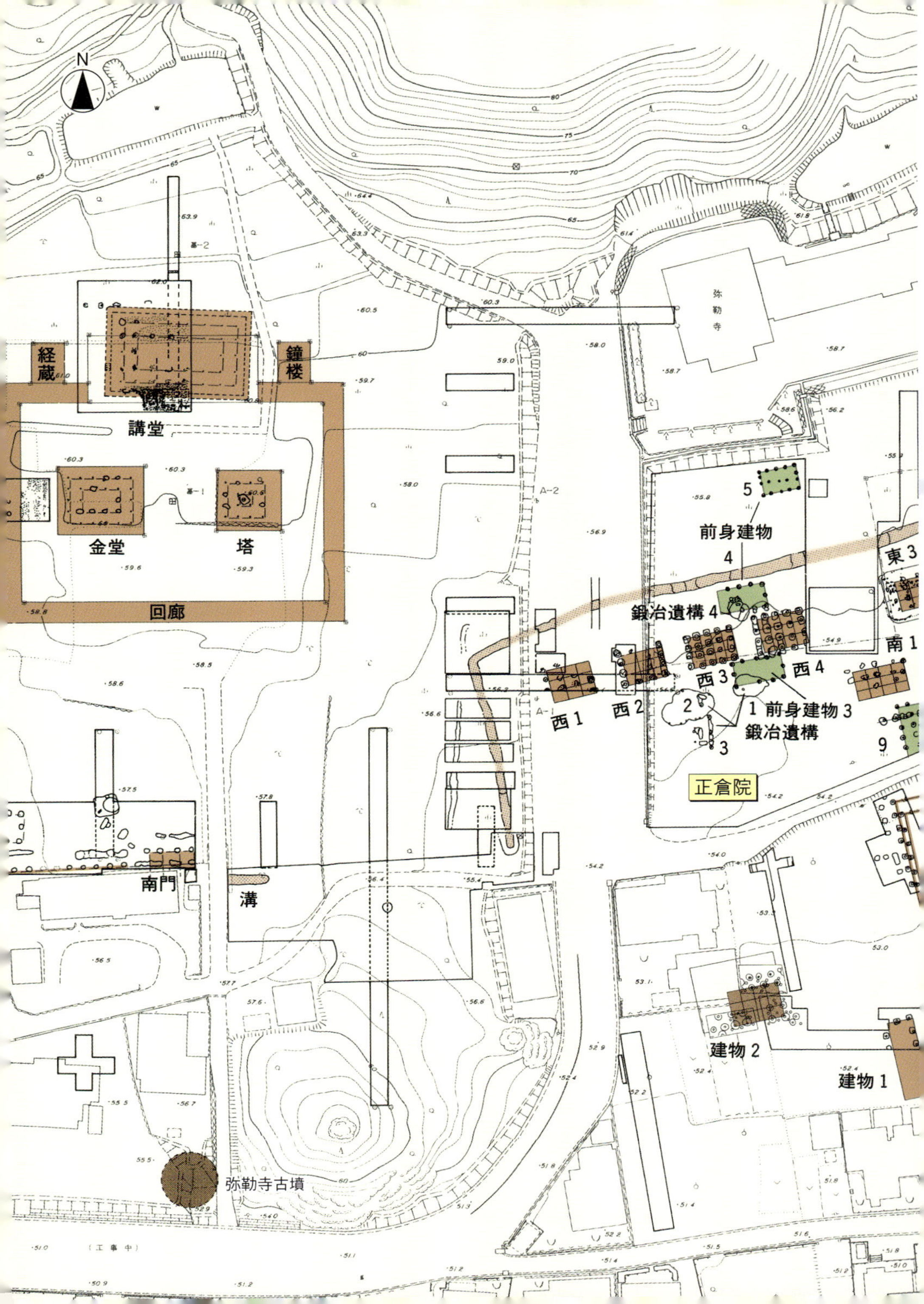
N
経蔵
鐘楼
講堂
金堂
塔
回廊
南門
溝
弥勒寺古墳
弥勒寺
5
前身建物
4
東3
鍛冶遺構 4
南1
西3
西4
西1
西2
2
1
前身建物 3
鍛冶遺構
3
9
正倉院
建物 2
建物 1

国・郡・里（郷）制にしたがって、各国に国府《こくふ》（国衙《こくが》）、各郡に郡衙（郡家《ぐうけ》）が置かれた。国府の長官である国司《こくし》は、中央から派遣される官人であったが、郡司は地域の伝統的な支配勢力から選ばれ、またその地位は原則として世襲であった。律令国家としての歩みは、それまでの地域ごとの支配力をよりどころとして始まり、徐々に中央集権化を強めていったものと思われる。

全国各地でおこなわれてきた地方官衙関連遺跡の調査によって、国府政庁は斉一的で、いわゆる律令制的な官衙様式を当初から整え、またその配置を継承してゆくことがわかってきたが、郡衙の政庁は、それぞれの地域の事情を反映してさまざまな形があり、また、多様な展開をとげている。そのため国府跡のように、画一的にはとらえきれないというのが、これまでの一般的な理解であった。

ところが、弥勒寺東遺跡で確認された武義郡衙の中枢施設である郡庁は、むしろ国府政庁にみられる均整のとれた配置を成立当初からとり（図24）、また、それをかたくなに継承しており、従来の郡衙の政庁観をくつがえす発見となった。

発掘調査からわかった整然とした郡衙の姿を見てみよう。

郡庁院の構成

弥勒寺東遺跡で確認された郡庁を構成する建物群のうち、掘立柱塀によって囲まれた範囲をとくに郡庁院とよび、その中心に位置する東西棟を正殿、その前方両脇に、正殿と棟方向を直行させて配された南北棟を脇殿（南棟《みなみむね》）、およびそれらの北側で、正殿のやや後方に位置する南北棟を脇殿北棟《きたむね》とよぶ。なお、正殿背後の建物を後殿としたが、現段階では想定である（図24・25・26）。

正殿　桁行五間、梁行二間の身舎《もや》の南北面に廂の付いた格式の高い建物で、二度の建て替えを確認した。廂を入れると桁行一五メートル、梁行一二メートルの建物となる。柱穴は楕円形で、最大は長径一・七メートル、短径で測っても一メートルを下るものはなく、弥勒寺東遺跡の建物跡のなかで、もっとも大きい柱穴である。

柱間は、現在のところ桁行一〇尺等間《とうま》、身舎の梁行一一・五尺等間、廂の出が南面で八〜九尺、北面が八尺となっているが、相対する側柱《がわばしら》が未検出であることや、建て替えの状況をすべての柱穴について確認できていないため、確定的な値ではない。

時期によって柱間の構成が微妙に異なり、棟方向に若干の振れが予想される。身舎の柱は、掘立柱→掘立柱→礎石と変遷し（図27）、南面の廂の柱穴は、掘立柱による建て

図24 ●郡庁院の復元図

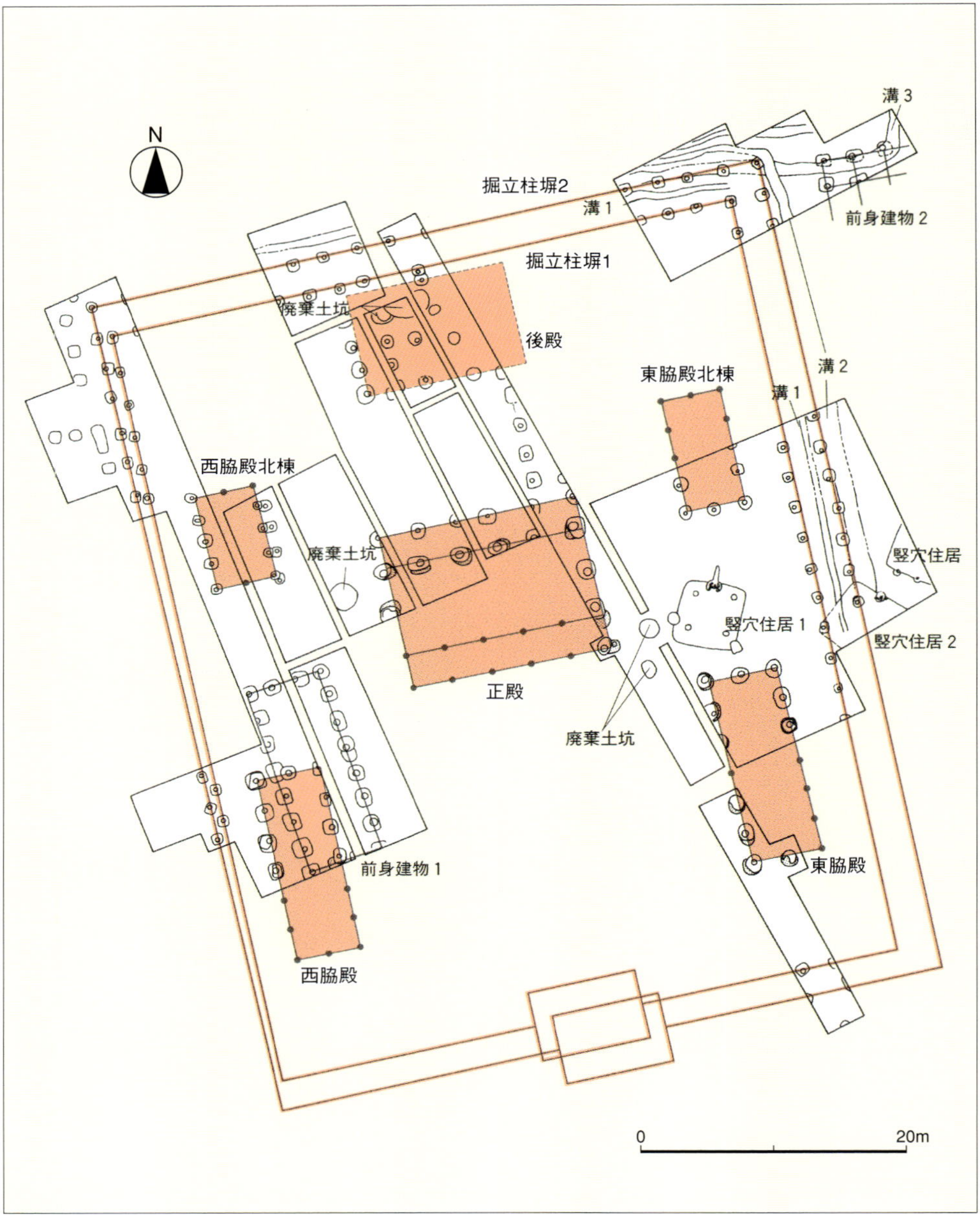

図 25 ● 郡庁院
国府政庁を思わせる整然とした建物配置。

図 26 ● **郡庁院跡を真上から見る**
第 3・4 次調査の発掘区。

替えが一回、北面の廂の柱穴には建て替えた状況は認められない。成立から最初の建て替えまでを「正殿一期」、二度目の掘立柱による建て替え以降を「正殿二期」、礎石建ちへの建て替え以降を「正殿三期」とした（図34）。

身舎と南・北面廂の変遷の組み合わせは幾通りか考えられるが、南面に一度設けた廂を次の段階でなくすことや、北面だけに廂が付くことは考えにくいので、最初の建て替えで南面の廂を設け、二度目の建て替えで南北両面に廂を設けたと考えられる。このように、建物の構造や形式の段階的な発展が想定できる。つまり、正殿は建て替えのたびに、格式を高めていったのである。

掘立柱による建て替えの状況は、最初の柱穴と二度目の柱穴の大きさの違いや微妙な位置のズレを平面的に認識し、さらに半裁した断面で確認した（図28）。一方、礎石への建て替えをすべての柱について把握することは非常に困難であった。幸運にも根石掘り方が認識できる場合のほかは、根石の円礫が中心へ向かって傾斜し、花弁が開いたような状態で残存していることなどから判断できる（図29）。根石を据えるための掘り方と思われる柱穴中央部の比較的高い位置から、九世紀後半に属する灰釉陶器《かいゆうとうき》片が多

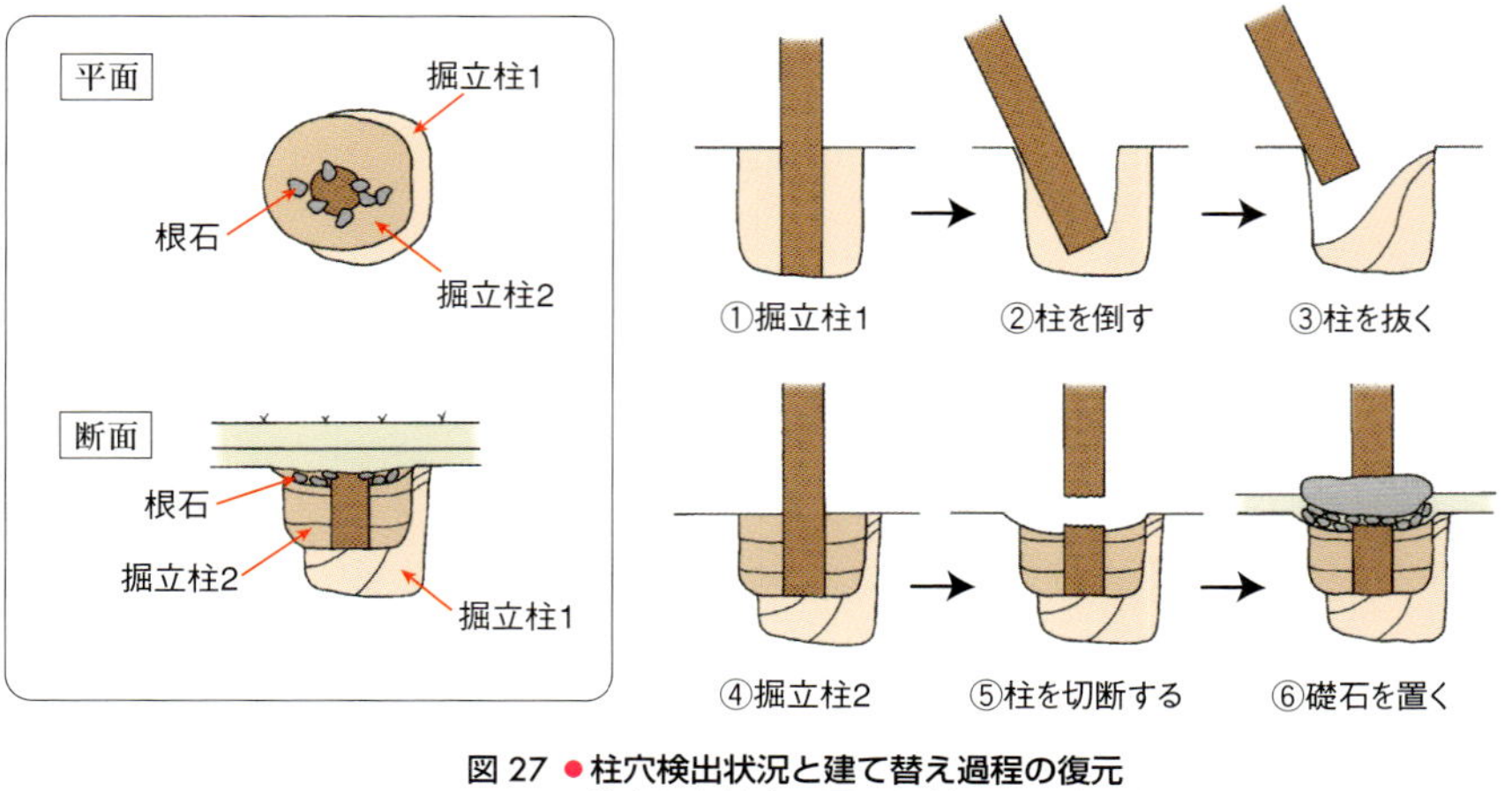

図 27 ● 柱穴検出状況と建て替え過程の復元
検出した柱穴の平面と断面で、建て替えの過程が把握できる。

図 28 ● **正殿の柱穴**
建て替えによる柱穴のズレがわかる。

図 29 ● **正殿礎石の根石**
掘立柱の柱穴の上に礎石の根石がのる。

く出土した。なかに「蓮」と読める墨書土器もあった。礎石への建て替え時の祭祀にともなうものと考えられ、時期を特定する重要な手がかりである。

東脇殿　桁行六間、梁行二間の側柱建物（外側にだけ柱があり、廂や内部に柱のない建物）で、桁行一四・四メートル、梁行五・四メートル。柱間は、桁行八尺等間、梁行九尺等間である（図30）。柱穴の状況から、正殿と同様に掘立柱→掘立柱→礎石の建て替えを確認した。

東脇殿北棟　桁行二間以上、梁行二間の側柱建物で、桁行を四間で復元すると、七尺等間で八・四メートルとなり、西脇殿北棟と北側の柱筋が一致する。梁行は四・二メートル、柱間は七尺等間である。南棟とは梁行の幅が一致しないが、東側の柱筋がそろっている。建て替えた様子は認められない。

西脇殿　桁行四間以上、梁行二間の側柱建物

図30●**東脇殿**（北から）
桁行6間（14.4 m）、梁行2間（5.4 m）の南北棟。正殿と同様に、掘立柱→掘立柱→礎石と建て替えられている。

（図31）で、桁行は東脇殿と同じ八尺等間で六間を想定すると、一四・四メートルとなる。梁行は五・一メートル。柱間は東脇殿より〇・五尺短い八・五尺等間である。柱穴は一〜一・五メートルの隅丸方形で、正殿や東脇殿のように明瞭な建て替えの状況は確認できていないが、内側に一まわり小さい方形の掘り方が検出された柱穴が三基ある。外側の掘り方は浅く、建て替えの状況を示しているのか、あるいは一つの柱穴を二段に掘ったものか結論は出ていない。

西脇殿北棟　桁行四間、梁行二間の側柱建物で、桁行七・二メートル、梁行四・五メートル。柱間は、桁行六尺等間、梁行七・五尺等間である。南棟とは、東脇殿の北棟と南棟の関係と同様に、梁行の幅が一致しないが、東側の柱筋がそろっている。建て替えた様子は認められない。

後　殿　正殿の背後に、掘立柱建物の柱穴や根石掘り方と思われる土坑をいくつか検出したが、

図31 ● **西脇殿**（北から）
赤色テープで示した建物。手前の青色は脇殿が建てられる以前の建物（前身建物１）。

これらをつないで最大で、東西一二メートル、南北八メートルほどの建物が想定できる。東側の柱を確認していないので、現時点での確定はむずかしい。また、想定される建物の範囲内に、須恵器《すえき》と灰釉陶器を廃棄した土坑がそれぞれあることや、掘立柱塀1と切り合うことから、建物の規模や存在した時期などは、きわめて限定される。後殿については、今後の課題として銘記しておきたい。

掘立柱塀1・2　正殿、脇殿をとり囲む、おおむね八尺等間の柱穴列を東西南北で、内側と外側の二列を確認した（図32）。一辺九〇センチ前後の、少し小ぶりな方形の掘り方が特徴である。

規模は掘立柱塀1で東西約四七メートル、南北約五九メートル。掘立柱塀

図32 ●掘立柱塀1と2（北西角）
東西約47m、南北約59mの塀1から東西約50m、南北約64mの塀2へ拡張されている。

2で東西約五〇メートル、南北約六四メートル、ちょうど東西一六〇尺、南北二〇〇尺となる。

掘立柱塀1は、正殿の中軸線で左右対称になり、その時期については検討を要する。掘立柱塀2は、ある段階で拡張したと考えられるが、その時期については検討を要する。東辺と北東角で、掘立柱塀1と掘立柱塀2の間に、幅六〇センチの溝1、掘立柱塀2の外側に、幅一〜一・二メートルの浅い溝2が見つかっており、それぞれの塀の外側か、あるいは掘立柱塀2の段階に、内側と外側をめぐる溝が設けられていたと考えられる。

廃棄土坑　須恵器、灰釉陶器が多量に一括廃棄された土坑を、正殿の背後に三カ所、正殿前の東脇殿寄りに二カ所検出した。そのなかには「厨」（須恵器・奈良時代）、「萬富」（灰釉陶器・平安時代）と墨書された土器が含まれている。

郡庁院の建物配置にみる高度な計画性

掘立柱塀1の南辺から北へ約三〇メートル、つまり一〇〇尺の位置に正殿身舎の前面がきており、そこから北辺までが、同じく一〇〇尺である。また、東西辺から正殿の端までの距離が、東西ともに約一六メートル（五五尺）と等しく、正殿の正面出入り口が、郡庁院の中心にくるように配置されていたことがわかる。

一方、向かい合う東西両脇殿の棟間《とうかん》距離もまた一〇〇尺であり、掘立柱塀1と正殿・脇殿が囲い込むことによって形成される広場は、ちょうど一〇〇尺四方になる（図33）。このように、郡庁院が一〇〇尺という端数のない切りのいい単位（完数）で割り付けられていたことは明白で、このことは同時に掘立柱塀1が当初の囲繞《いじょう》施設であったことを物語る。

郡庁院は、きわめて高度な配置計画にしたがって建てられたことがわかる。いわゆる「まつりごと」の空間として確保された一〇〇尺四方という広さは、そこでとりおこなわれたさまざまな儀式、あるいは饗宴などの形態や、参集する人数等を反映しているはずである。

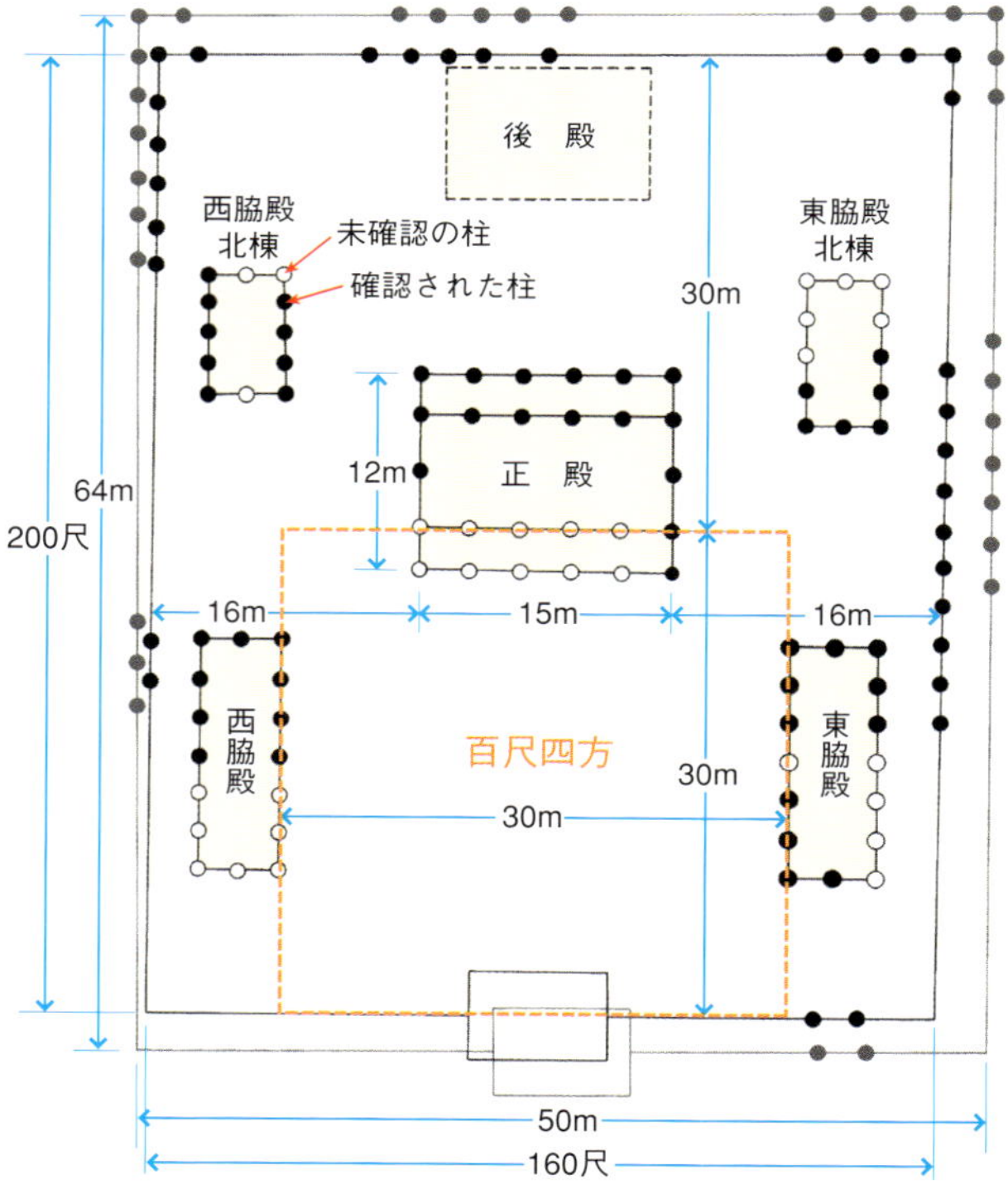

図33 ● 郡庁院を構成する殿舎群の配置
正殿前の広場（庭）が、「まつりごと」の場。

郡庁院外の施設（曹司《ぞうし》群）

郡庁院の外側にも、棟方向を同じくする建物の存在が明らかになってきた（建物1～4、図23）。

建物1は、梁行二間、桁行三間以上の側柱建物で、梁行四・八メートル、柱間は八尺等間である。郡庁院の脇殿と同じ棟方向をとり、北妻の位置もそろうことから、桁行を脇殿と同じ一四・四メートルと想定して図示した。

建物2は、正殿と棟方向が一致するだけでなく、前面をそろえた三×四間の総柱《そうばしら》建物（建物の外観を規定する側柱だけでなく、桁、梁方向を結ぶ線のすべての交点に柱を立てる構造）で、桁行八・四メートル、梁行六・三メートル、柱間は七尺等間である。柱穴の規模は正殿に匹敵するほど大きく、楕円形である。総柱構造をとることから、正倉とは機能を異にする特別な倉、たとえば文書庫などが想定されるが、あるいは楼閣《ろうかく》建築であった可能性もある。なお、柱穴から出土した灰釉陶器（九世紀後半）によって、正殿三期に併行する建物であることが判明した。

建物3・4は、下水道埋設工事の立会調査で確認した建物で、埋設溝の断面で、計七つの柱穴を確認した。直径一メートル前後の柱穴で、郡庁院の建物群と棟方向が関連する二棟の大形掘立柱建物が想定できる。

正殿一～三期の変遷

正殿と東西両脇殿が整然と配置された郡庁を構成する建物群を発見し、また、それらを囲む掘立柱塀の発見によって郡庁院の規模（掘立柱塀1で東西一六〇尺、南北二〇〇尺）をも確定することができた。郡衙相当遺跡で、これまでに判明している郡庁院の平均的な規模ではあるが、建物配置においては、国府政庁を思わせる「品」字形の配置をとり、従来

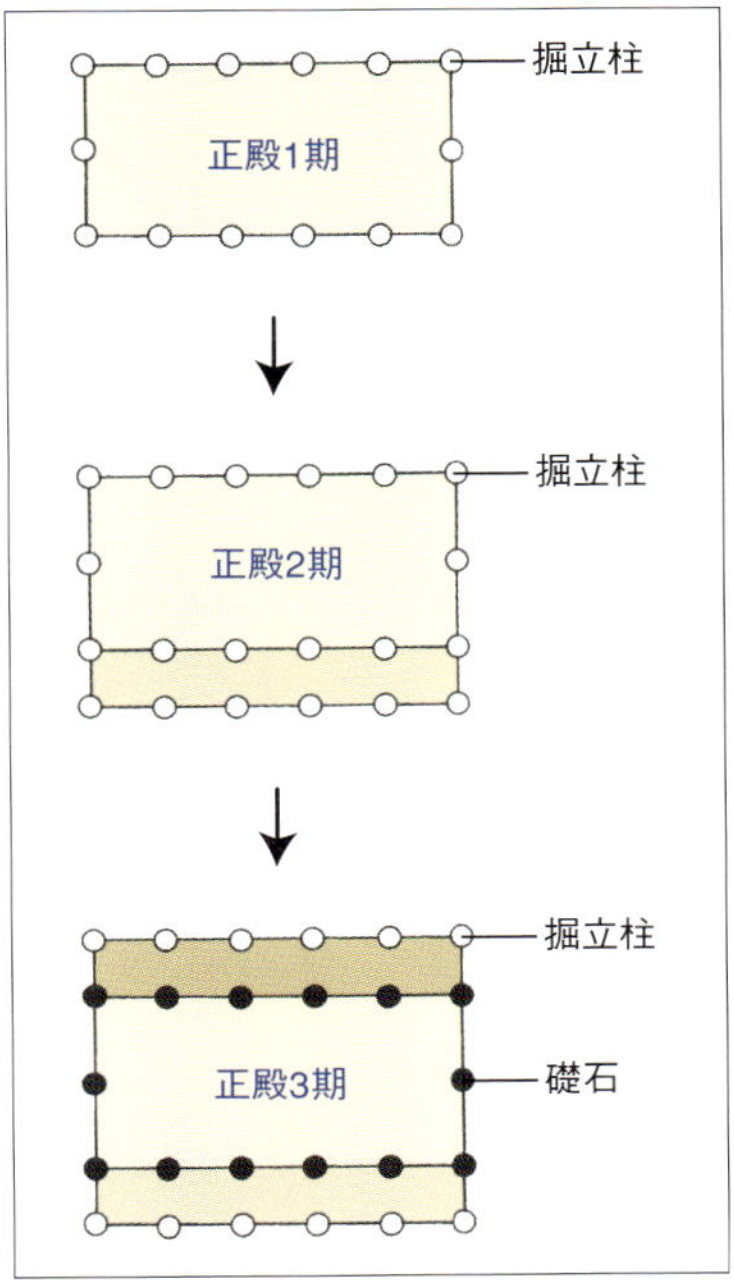

図34 ● **正殿の変遷**
段階的に格式の高い建物につくり替えられている。

の郡衙の政庁観をくつがえす発見となった。

正殿と両脇殿は、当初の位置を完璧に踏襲した二度の建て替えがあり、三時期（正殿一〜三期）の変遷をたどることができる（図34）。その変遷のある段階において、それぞれの脇殿に北棟を配置した、いわば「H」字形をとる時期があったこともわかった。しかし、正殿の変遷が他の殿舎と連動しているのかどうか、時期を区分する画期としての意味が見出せるかどうかについては検討を要する。

また、後殿の存在の有無や、脇殿北棟はどの時期にともなうのか、掘立柱塀の拡張が図られた時期についてなど、解明しなくてはならない課題が多い。時期区分は、現段階での作業上の仮説である。

出土遺物

須恵器・灰釉陶器　図35の飛鳥・白鳳時代の須恵器は、豪族の居宅や評衙《ひょうが》（律令以前の役所）や「弥勒寺」が建立された時期を、奈良時代の須恵器と平安時代の灰釉陶器は、郡衙として栄えた時期を示す。

畿内系土師器（暗文）　畿内からもち込まれたと考えられる、緻密な土でていねいにつくられた土師器《はじき》（図36）で、表面は焼成前によく磨き、暗文《あんもん》とよばれる美しい細線の模様がほどこされている。暗文がほどこされた土師器の出土はごくわずかで、「都の風」を伝える特別な品であったと思われる。

飛鳥・白鳳時代の須恵器

奈良時代の須恵器

平安時代の灰釉陶器

図 35 ● **須恵器・灰釉陶器**（飛鳥時代後期〜平安時代前期）

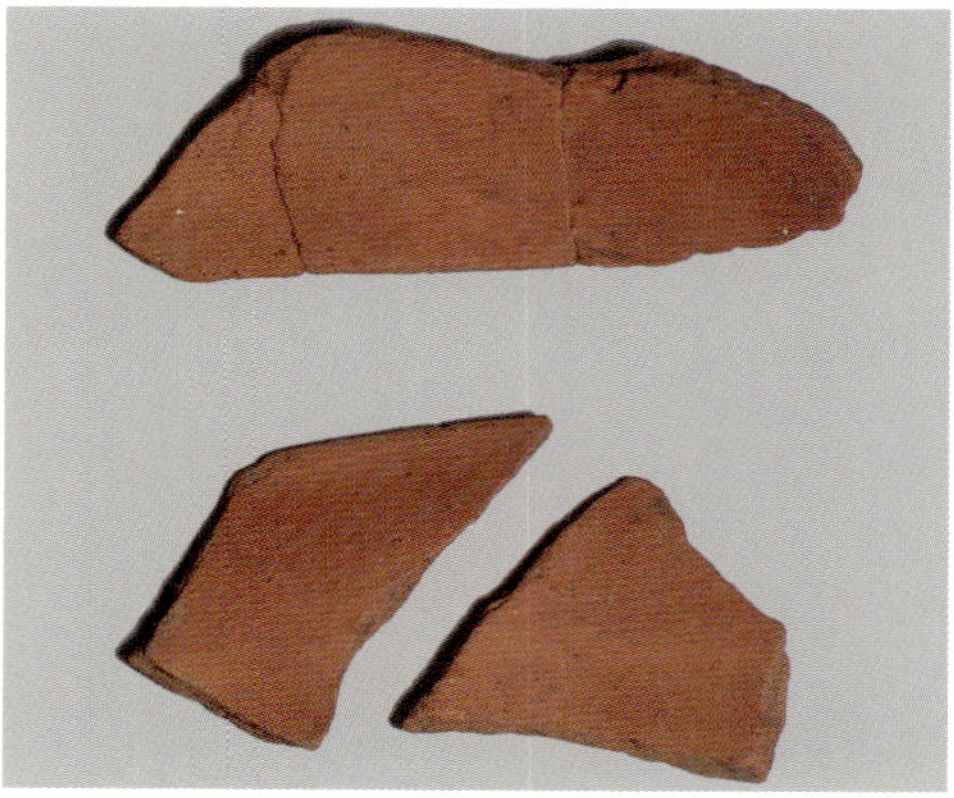

▶図 36 ●**畿内系土師器**
ていねいにつくられた土師器で、暗文が美しい。

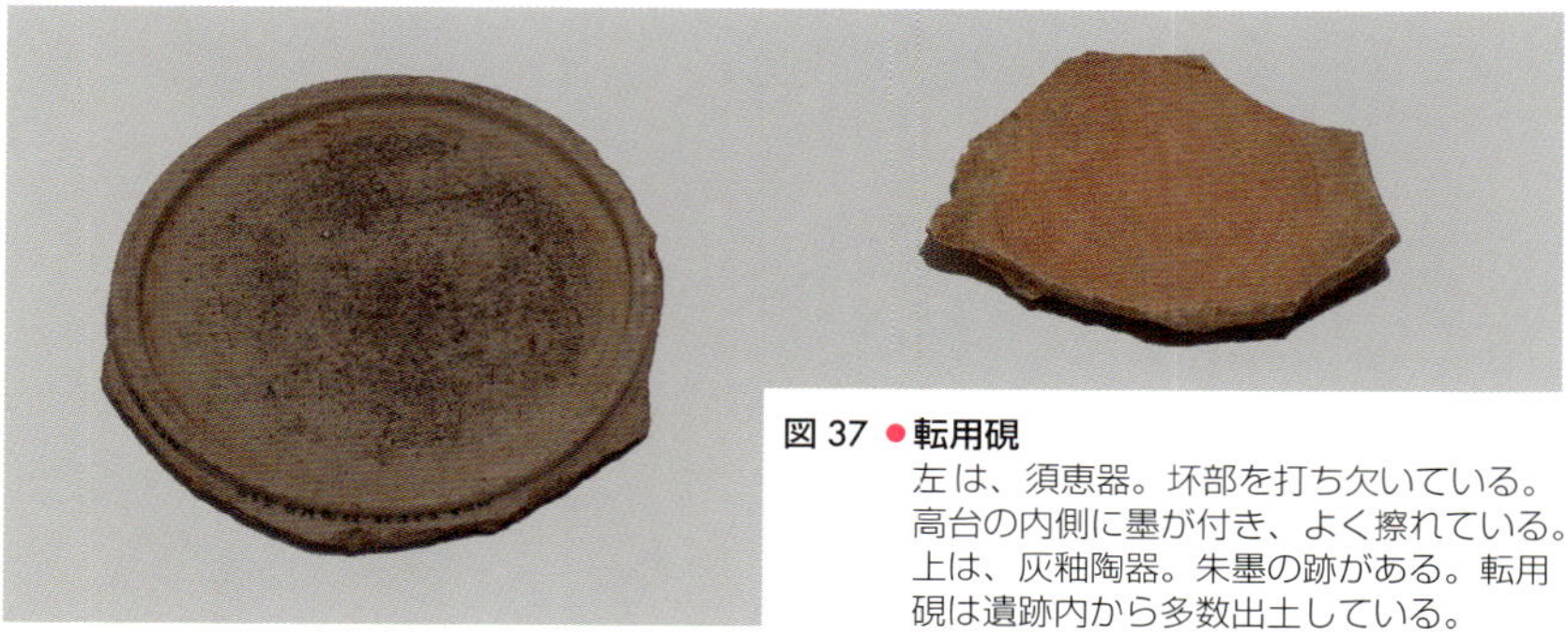

図 37 ●**転用硯**
左は、須恵器。坏部を打ち欠いている。高台の内側に墨が付き、よく擦れている。上は、灰釉陶器。朱墨の跡がある。転用硯は遺跡内から多数出土している。

図 38 ●**円面硯**
左上の硯は径 27 cm、高さ 10 cm で、出土した円面硯のなかではもっとも大きく、位の高い役人が使用したと思われる。

転用硯《てんようけん》　土器を硯に転用したもので、坏部を打ち欠いて利用している（図37左）。高台の内側には墨が付着し、よく擦れて平滑である。なかには朱墨が付着しているものもある（図37右）。ほかにも、表裏で黒と朱を使い分けたものもみられ、郡衙に勤務した役人たちの日々の仕事がしのばれる。

円面硯《えんめんけん》　焼き物（須恵器）でできた硯（図38）で、弥勒寺東遺跡から四〇点あまり出土した。そのうちの半数は、郡庁区域からの出土である。郡衙の機能をそのまま反映した出土状況といえる。大小さまざまあり、使用した役人の階層性を読みとることができる。もっとも大きい硯は、径二七センチ、高さ一〇センチで、位の高い役人が使用した権威を象徴する硯であったと思われる。

2　建ち並ぶ倉――正倉院

郡衙を象徴する「倉」

「正倉院」と言えば、誰もが奈良の東大寺正倉院の校倉《あぜくら》を思い浮かべる。本来、正倉とは、正税として徴収された稲穀が納められる官の管理下にあった公の倉を意味し、複数の正倉が集まり、あるいは倉を囲む施設などによって、ほかから隔絶した空間を構成するものを正倉院というう。

倉は、重量を支えるために、総柱構造をとり（図40）、他の建物との平面的差異が明瞭で把握されやすい。郡衙関連遺跡のもっとも特徴的で一般的な遺構は、正倉である。

正倉の配置

弥勒寺東遺跡では、郡庁院の背後に横たわる、一～一・五メートルほどの高低差のある段丘崖の上段に正倉院が位置している（図23・39）。

東西約一三〇メートル、南北約四〇メートルの溝で区画された範囲に、棟方向をそろえて建ち並ぶ七棟、その列のなかほどの南に一棟、計八棟の正倉を確認した。便宜上これらを、西から正倉西1～4（図40・42）、東から正倉東1～3、正倉南1とよぶ。

正倉西1～4と東1は、掘立柱から礎石建ちへ建て替えられた倉であるのに対し、正倉東2および3は基壇をともなう礎石建ちの倉で、基壇は、長手の円礫を縦にもたせかけて化粧され、角を丸くおさめるめずらしい工法をとっている。

正倉東2（図41）は、東西二二・八メートル、南北一二・三メートルの基壇をもち、桁行八間で八尺等間、梁行三間で九尺等間の巨大な倉である。この正倉東2と3の二棟の倉は、軒が接するほど接近して検出されたが、正倉東3は、火災により北側に倒壊したと思われ、炭化した米粒や炭粒が

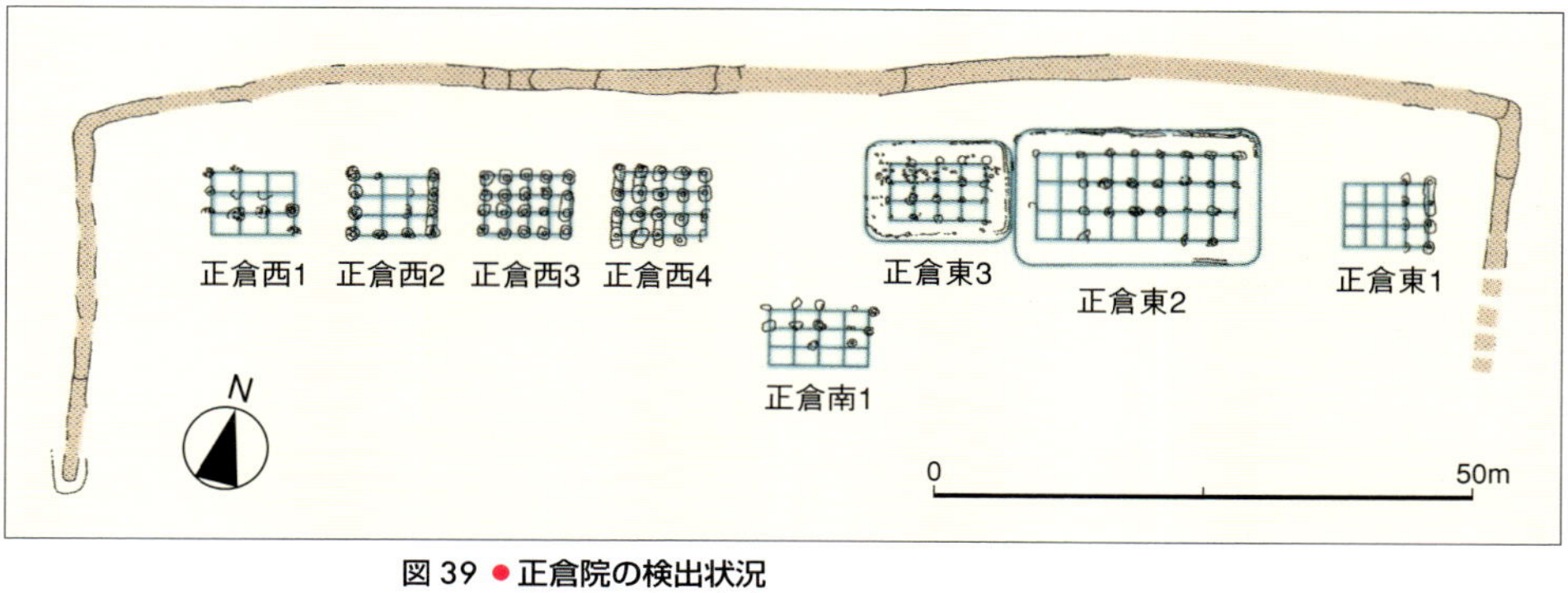

図39 ● 正倉院の検出状況
正倉西4と正倉東1の間の下層には、4棟の正倉があると考えられる。

図40 ● 正倉西3
桁行4間（7.8 m）、梁行3間（5.1m）、柱の径約50 cm。総柱の構造。
掘立柱から礎石建ちの倉へ建て替えたことを示す根石が見える。

図41 ● 正倉東2
東西22.8 m、南北12.3 mの基壇をともなう。桁行8間（19.2 m）、
梁行3間（8.1 m）の礎石建ち倉庫。原位置を保った礎石が8基残っ
ている。史料にみえる「法倉」として注目される。

周囲に散乱していた。正倉東3が火災で倒壊した後に、正倉東2の基壇が築かれているとが層位的に確認され、二つの倉は同時には存在しなかったことがわかった。その証拠に、正倉東2の基壇にも炭化米や炭粒が多量に含まれている。

正倉院の立地

正倉院が立地する段丘の縁辺、つまり段丘崖に沿って正倉院の前に小道がある。字絵図上のいわゆる赤道《あかみち》（昔から認知されてきた里道。公図には法定外道路として赤色で示される）だが、この小道は、正倉院と郡庁院を分けた地割りの名残である可能性が高い。

一方、正倉院の背後にはⅠ期（七世紀後半）の建物が、区画溝から北へ約一八メートルの位置まで認められるが、いまのところ正倉院と同時期の建物は見当たらない。七世紀

図42 ● 南面をそろえて建つ正倉
正倉西3と正倉西4の南の柱筋がみごとに通る。

後半に山裾まで切り開いておきながら、正倉院を設けるにあたって、山裾から南へ離れた位置に溝を設定し、さらに正倉は、溝から一五メートルほど控えたラインで南面をそろえている（図42）。

正倉群の背後には、山裾との間にかなり広い空閑《くうかん》地が設けられていたことになる。防火帯としての空間がとられた結果であろうか。このような立地は、まさに『令義解《りょうのぎげ》』倉庫令にみえる「凡《およそ》倉は、皆、高く燥《かわ》いた処《ところ》に之《これ》を置き、側《かたわら》に池や渠《みぞ》を開け」という令の規定どおりの配置がとられた結果といえそうである。

正倉の変遷

正倉西1～4と東1が、掘立柱建物から礎石建物へ建て替えられていることや、正倉東2と3の前後関係がつかめることなどから、掘立柱の時期（正倉一期）→礎石建ちへの転換期（正倉二期）→巨大倉庫の出現（正倉三期）の変遷過程が想定できる。図43は、区画溝と正倉の棟間距離を示したものである。これを見ると、正倉西1と2は、二〇尺離しているのに対し、正倉西3と4は、西2と3からそれぞれ一六尺離し、桁行も二六尺と同じであることがわかる。

また、平面形式では正倉西1と2は、桁行三間、梁行三間であるのに

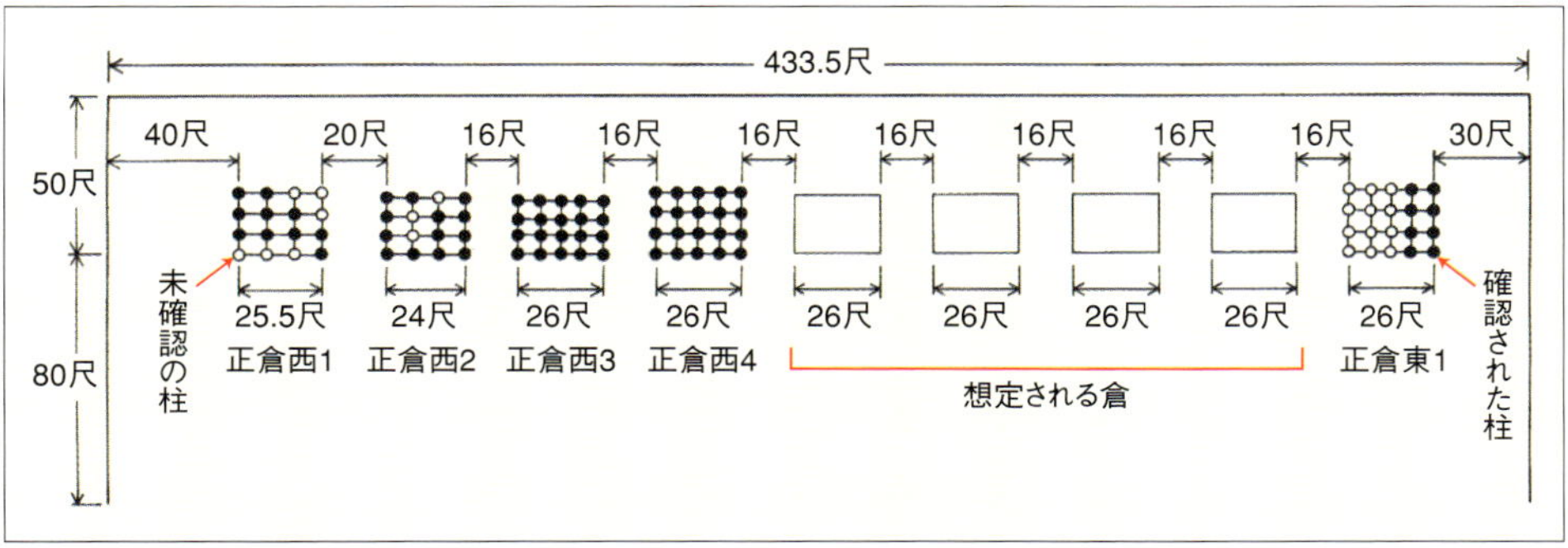

図43 ● 正倉（1・2期）の配置
正倉西1と2は柱の構成が3×3間、正倉西3から東につづく倉は柱の構成が3×4間と異なっている。正倉西3以東は、桁行・棟間距離が一定となっている。

対し、正倉西3と4は桁行四間、梁行三間である。このように、正倉西1・2と正倉西3・4の間に明らかな差異が見出せる。西側から順番に建てられたと仮定すると、正倉西1・2を造営した後、平面形式の変更や桁行、棟間距離の統一といった設計・配置計画上の変更があり、この計画のもとで正倉西3・4が同時かあるいは、あまり間をおかずに造営されたとみることができる。

このことから、正倉西4から東へ、桁行二六尺の倉を、棟間距離一六尺で順番に配置していくと、ちょうど九棟の倉庫が区画内にうまくおさまる（正倉一期）。したがって、正倉東2と3が成立してくる以前には、その位置に四棟の掘立柱による正倉があったと考えられる。

その後、掘立柱から礎石へ建て替えられる段階（正倉二期）がある。正倉西1〜4と正倉東1で確認した礎石建ちへの建て替えは、まったく同じ位置、つまり、規模だけではなく柱の位置までそのまま踏襲しており、部材をそのまま利用した可能性がある。掘立柱の老朽化にとも

図44 ● 正倉院の復元図

なう建て替えというより、礎石建物への転換が第一義的におこなわれたようである。

次に、基壇をもつ倉が登場する（正倉三期）。正倉東3は規模的には他の正倉と大差はないが、基壇をもつという点で他の正倉との差別化をはかり、特別な機能が付加された正倉とみることができる。そして、この正倉東3が焼失した後に、正倉東2の建立となるわけだが、さらに規模を大きくりっぱにしている。

つまり、倉の高質化の過程のなかで、特別な役割をもった倉が成立してくる段階と、その役割に期待された効果が確認され、その機能がさらに強化されてゆく段階が設定できる。正倉東2は「正税帳《しょうぜいちょう》」にみえる「法倉《ほうそう》」（支配権力を誇示するために、とくに大きくりっぱに造られた正倉）に相当すると考えられることから、その成立に至る段階的な過程を正倉東3から東2の建て替えに見ることができるのではないだろうか。

このように、正倉院の変遷を、より厳密に追究することで、律令制の展開にともなう支配原理の変容を読みとることができる。

多量の炭化米の出土

正倉東3を中心に炭化米が出土した（図45）。炭化米を包含する層の厚さは三〇センチに達し、収納されていた米の多量さをうかが

図45 ● 炭化米
正倉の周辺で掘りおこした土を丹念に洗って抽出したもの。

わせる。郡衙関連の遺跡で発見される炭化米は、正倉火災に結びつけて「焼け米」とよぶことが多い。

正倉火災は史料に「神火《じんか》」としてしばしば登場し、全国各地の遺跡でも倉の火災痕跡が確かめられている。収納量不足の隠蔽《いんぺい》工作や郡司の失脚をねらった放火など、在地支配にかかわる政治的事件がその背景にあったと考える向きも多い。

しかし、炭化米自体は火の直接的な作用ではなく、米がもつ性質と土壌の相互作用によるものとする研究がある。その説が妥当であるとすれば、倉庫が倒壊した際に散乱して周囲の土壌のなかに残ったものが、「焼け米」の正体であり、正倉や郡衙関連遺跡から例外なく「炭化米」が出土する理由を必ずしも火災に求めなくてもよいことになる。

炭化米が生成する要因については、なお検討の余地があるにしても、正倉東3が火災によって倒壊したことは明らかであり、この火災の直後に造営された正倉東2に「法倉」としての機能と役割が想定できること

図46 ● 炭化米の出土状況
籾粒が一定方向にそろっているため、稲穂の状態で保管された「穎稲」の可能性がある。

が重要と考える。この正倉火災が法倉成立の契機になったと考えられるからである。

なお、佐藤洋一郎によるDNA鑑定の結果、品種的には、水稲だけではなく畑で栽培されたと思われるもの（いわゆる陸稲《おかぼ》）も含まれていることがわかった。郡衙に納められた稲が、灌漑施設の整った水田からだけでないことを示すとすれば、条里制や班田制にかかわる新たな視点を要する重要な示唆である。

また、炭化米がブロック状に検出され、籾粒《もみ》が一定方向にそろっている様子が観察された（図46）ことから、正倉東３に収納されていた稲が穎稲《えいとう》であった可能性も考えられるため、史料にみえる「穎倉《えいそう》」とのかかわりで注目される。穎稲とは、稲穂を束ねた状態を言い、品種の判別が容易で、種籾《たねもみ》を貸し付ける出挙《すいこ》に用いられたと考えられている。貸し付けられた稲は、一・五倍にして返還させた。これによって得られた益米が郡衙の運営に使われる。「正税帳」によると、正倉にはこのほかに穀倉《こくそう》（穀）、義倉《ぎそう》（貧窮民救済のための粟等）、糒倉《びそう》（保存食糧の干飯《ほしいい》）など、収納物の違いによってよび分けられていたことが知られている。

3　郡衙以前の建物群

郡庁院下層の前身建物（評衙）

郡庁院や正倉院の下層に、郡衙成立以前の段階の建物群を発見した。弥勒寺東遺跡が注目を集めるもう一つの理由が、実はこれら下層の遺構群にある。「弥勒寺」を建立し、郡衙を成立させた勢力の動向を探ることができるからである。

また、律令制が施行される以前の段階に、すでに官衙的な機能をもっていたことが推測される遺構が存在している。この郡衙成立以前の時期をⅠ期（七世紀後半から八世紀初頭）とした。

郡庁院の下層で検出された前身建物1は、遺跡全体で見つかっている前身建物のなかでも飛び抜けて大きい。Ⅱ期（八世紀初頭から一〇世紀前半）の郡庁院を構成する建物とくらべても遜色はない（図31）。このような大形の南北棟が単独で存在していたとは考えがたいため、これに関連する建物が郡庁区域の下層に展開することが推測される。この建物は、七〇一年に評が郡に変わるまで置かれた評衙の可能性が高い。

正倉院下層の前身建物群（豪族居宅） 正倉院の

図 47 ● **鍛冶遺構**
中央の窪みは炉の跡、床面は全体に鉄銹（さび）色をしている。鉄滓（てっさい）やフイゴの羽口、炉壁と思われる焼土塊、そして成品の鉄釘が出土した。

下層に展開する前身の建物群は、西ブロック（前身建物３〜５）と東ブロック（前身建物６〜９）（図23）に分けられる。Ｉ期に属する建物群の特徴は、遺跡内でいくつかのブロックとして把握できることにある。

西ブロックの前身建物群は、重複して検出された鍛冶遺構群（鉄釘をともなうことから、「弥勒寺」造営にかかわる施設と考えられる・図47）に先行することから、「弥勒寺」の造営が始まる頃には東ブロックへ移動したと考えられる。

東ブロックの前身建物６（図48）は、建物内部の東半分が付近の地山に由来する砂質の黄色土で整えられた土間で、そこに地床炉を検出した。ブロック内の建物配置は、前身建物６と９の棟方向が直交し、背後に二×二間の小形の倉庫（前身建物７と８）をともなっている。これら東と西のブロックは、「弥勒寺」を造営した氏族ムゲツ氏の居宅を想定しうる。

門跡　遺跡東端では、大がか

図48 ● **前身建物６**（東から）
桁行８間（13.1ｍ）、梁行３間（4.2ｍ）の東西棟。
西から３間目に間仕切りがあり、東側は黄色土を
敷きつめて整えた土間と、そこに炉跡を検出した。

りな門に関係する遺構を発見した（図49・50）。門は、掘立柱塀がとり付く四脚門《しきゃくもん》で、内側のすぐ左手に「杖舎《じょうしゃ》」（門衛の詰め所）と考えられる桁行二間、梁行一間の小さな掘立柱建物がともなう。

塀は、川原石を用いて二段に積まれた基壇をもち、山の中腹までのびている。塀が山の斜面にさしかかるところで、その西側に幅七メートルで四段の階段と、東側には土塁がとり付き、土塁は基底部で幅三メートル、山側に溝をともなう。谷水を受け止め、長良川へ排水する仕掛けであり、門を通過する路を厳重に確保している。

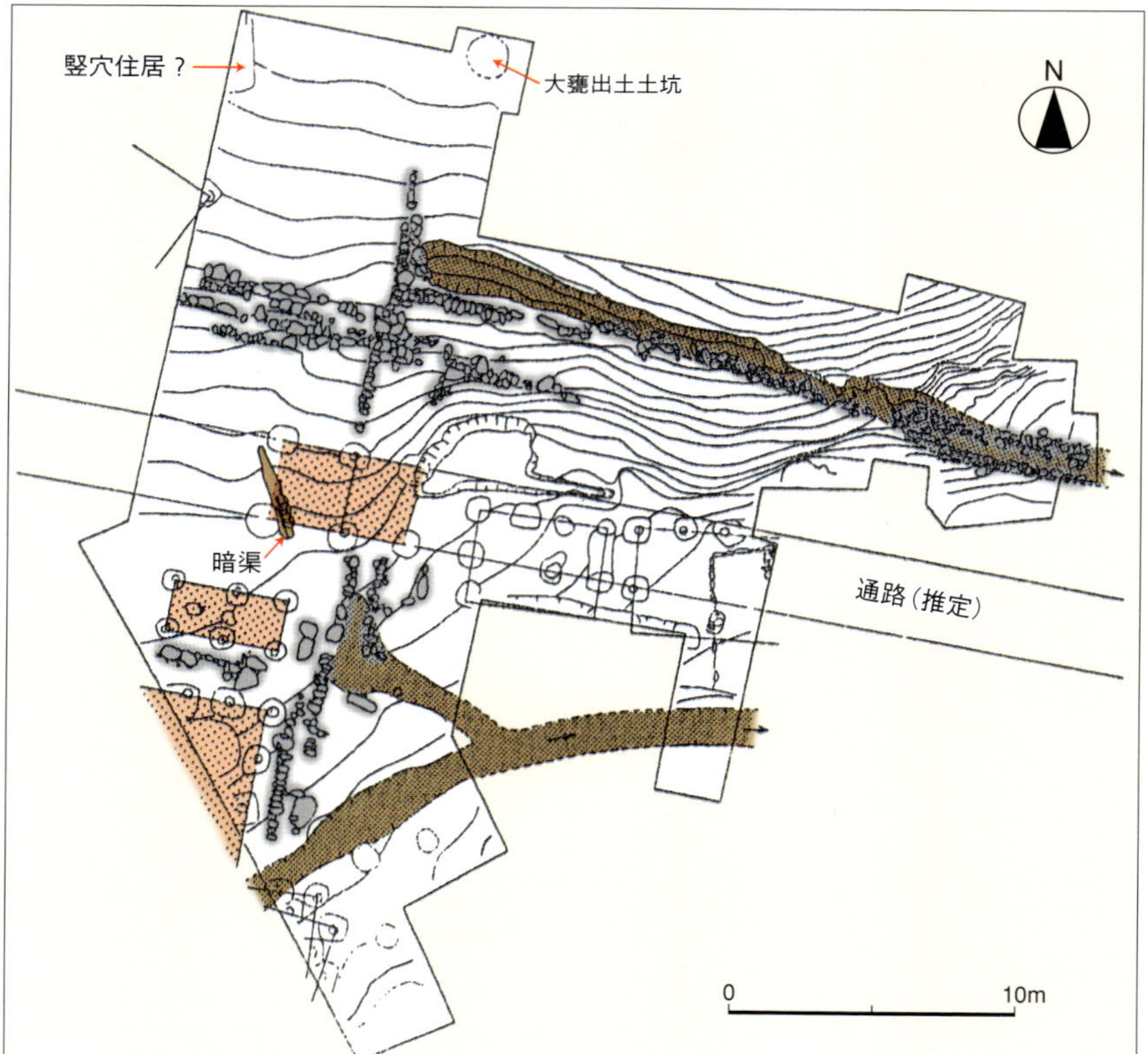

図 49 ● 門跡
想定される通路（幅１丈）が四脚門をつらぬく。通路は、暗渠（あんきょ）排水や両側に溝が配備され、厳重に確保されている。

図 50 ●門跡の遺構（上）と復元図（下）
川原石のつかい方が特徴的な遺構。

出土遺物から、この門は郡庁や正倉が成立する以前からあったが、郡衙の最終段階までは存続せず、奈良時代のうちに廃絶されている。

居宅から館・厨院へ（館・厨区域）

館《たち》・厨院《くりやいん》については、いまだ詳細はわからないが、律令制を体現するすべての施設が地形的に限られた区域に凝集して存在する遺跡のあり方から、それらが占めた空間は、遺跡の東側区域におのずとしぼられてくる。この区域を仮に館・厨区域とよんでいる（図51・52）。

館・厨区域に展開する建物群（①〜⑨や門跡・図23）は、寺院の造営に始まり、郡衙のすべての施設が整うまでに要した期間、それら一連の事業を管理した施設であったと考えられる。弥勒寺東遺跡の

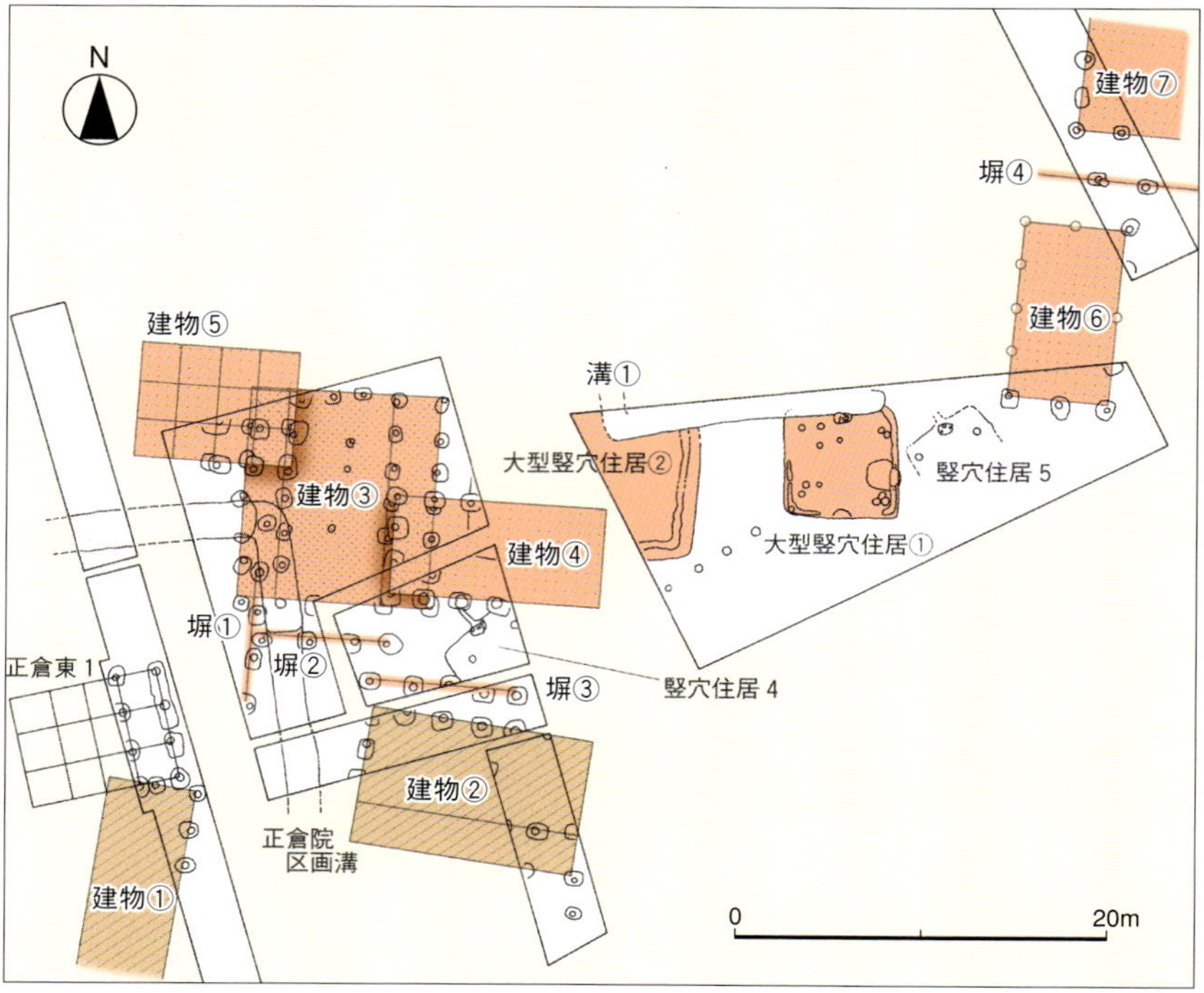

図 51 ● 館・厨区域
この区域に展開する建物群は、ことごとく正倉院をとり囲む溝や溝①（館・厨院をとり囲む施設か）に切られている。

場合、当初から館院・厨院として整備された区域があったのではなく、豪族の拠点が郡衙に発展する過程で郡庁院・正倉院が中心に据えられ、それまでの建物群は順次東へと位置を移していく。「豪族の居宅」（東・西ブロック）は、「郡司の館」（館・厨区域の建物群）へと性格を変え、最終的に、さらに整備された「館・厨院」（溝①で囲繞された範囲）へ、という段階的な変遷をたどったのではないか。

つまり、豪族の住まう空間の移動は、その役割の変化と律令制のなかにそれらが組み込まれていく過程を跡づけているのではないだろうか。

この区域の調査が進展すれば、寺院や官衙を造営した氏族の地方豪族から律令官人への変容を、遺構から具体的に知ることが可能になるに違いない。

なお、遺跡群の変遷については「弥勒寺」や第4章の弥勒寺西遺跡も含めて、第5章で全体を通してみることにしたい。

図52 ● 建物③・④・⑤
南東より見る。③→④・⑤の順番で柱穴が切り合う。

第4章　水の祭祀

1　弥勒寺西遺跡の発見

文化施設建設との迫間で

弥勒寺跡の西に、尾根の低い鞍部《あんぶ》につながる道があり、それを越えると人工的に開削されたと思われる谷間にたどり着く。谷の中央に立ち、奥をながめると、あたかもローマ時代の円形闘技場のなかにいるような不思議な感覚にとらわれる。

この隔絶した空間で、二〇〇二年に実施した関市円空館建設にともなう発掘調査によって、八世紀後半から九世紀にかけての祭祀跡が明らかになった（図53）。

調査で出る排土の置き場が確保できないため、調査区を北と南に分けて、まず初めにとりかかった北側半分の調査終盤に現地説明会を開催した。弥勒寺遺跡群の一部として国史跡に追加指定するべきであるとの声が高まり、「文化施設建設か遺跡の保護か」といった見出しで新聞

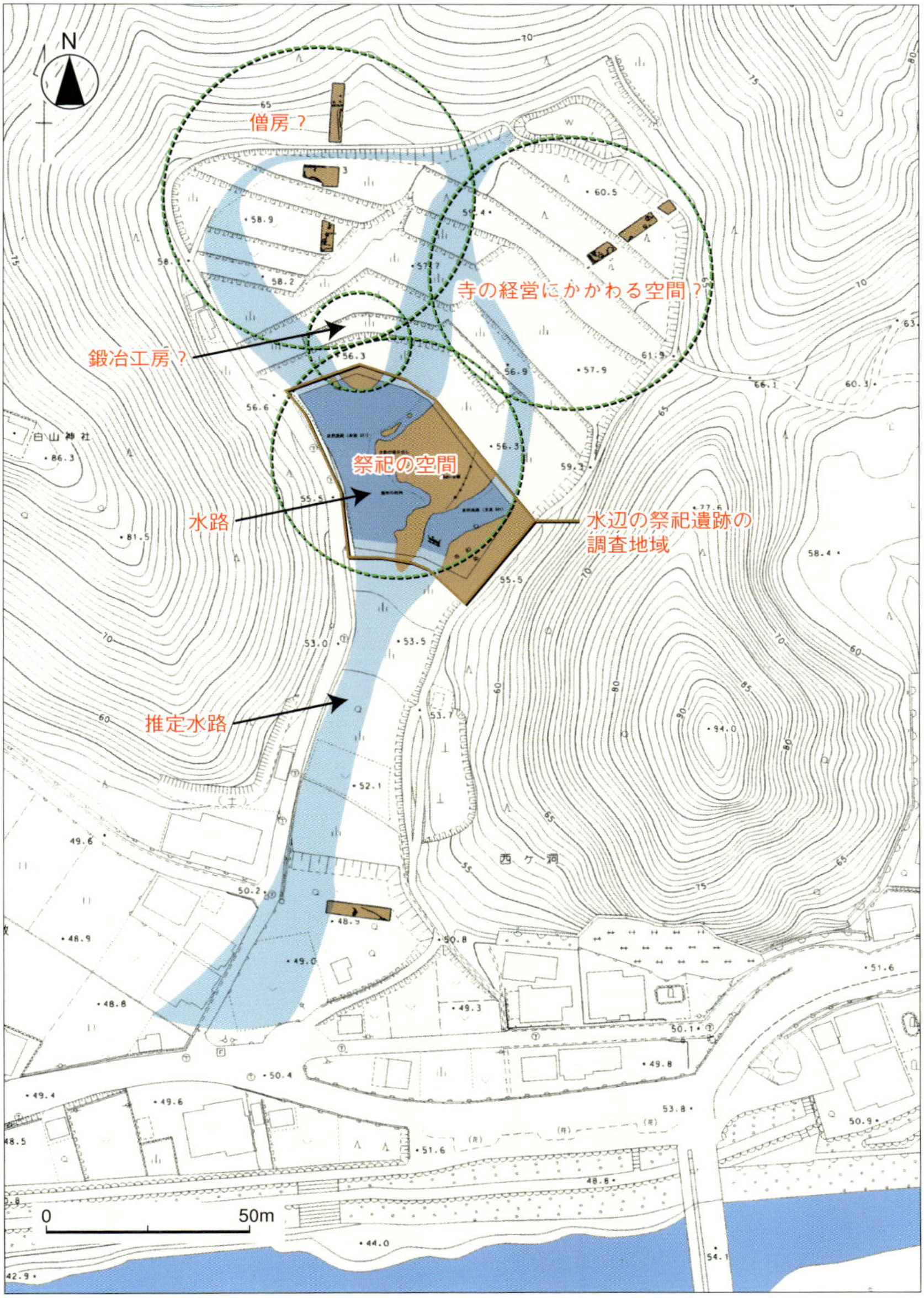

図 53 ● 弥勒寺西遺跡
祭祀や工房の跡だけではなく、谷の奥には寺の経営にかかわる
施設があると考えられる。

各社が報じることになる。

円空館の建設は、地下の遺構に配慮しながら予定どおり進められたが、今後、この谷での調査の継続と国史跡への追加指定は依然として検討課題である。

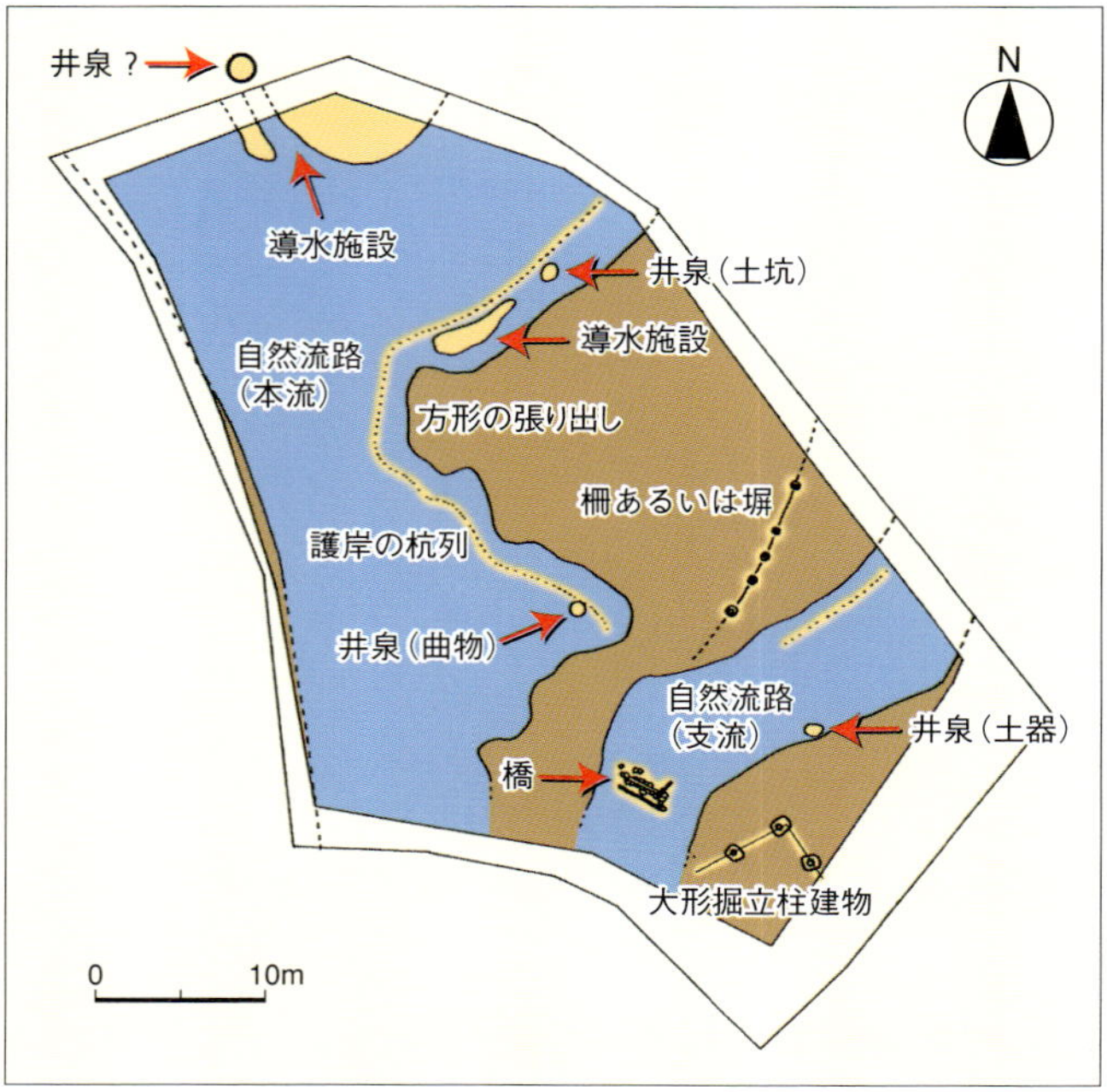

図54 ● 水辺の祭祀遺跡
埋没した谷川とその岸辺に複数の井泉（せいせん）遺構がみつかった。

谷間の祭祀跡

このときの調査では、三条の古代の谷川を検出し、そのうちの二条は調査区内で合流する。この流れ（本流）と、もう一条の支流はさらに下流で合流し、長良川へそそいでいたものと思われる。

この谷川からは、約一三〇〇点の木製品、二〇〇点を超える墨書土器を含む一万数千点にのぼる膨大な量の遺物が出土した。奈良時代後半から盛んに祭祀がおこなわれていたことや、工房の存在が浮かび上がるなど、寺院や郡衙の営みをより具体的に知るうえで重要な発見となった。

水の祭祀の跡

土坑（地面にうがたれた穴）に、曲げ物や底部を穿孔《せんこう》した甕《かめ》（土師器）を埋設した湧水《ゆうすい》をさそう仕掛け、いわゆる井泉《せいせん》遺構が点在し、井泉

図55 ● 水辺の祭祀の跡
祭祀場として整備された方形に張り出した岸辺。

からの湧き水を導く溝をともなう方形に張り出した岸辺や、その背後に目隠し塀と篝火《かがりび》の跡があり、まさに祭祀の空間として整えられた一画と考えられる（図54・55）。

また、湿地状の谷川を渡る橋や柱間一〇尺の大形掘立柱建物（柱間三メートル）を検出した。

工房跡の存在

二条の谷川が合流する地点で、フイゴの羽口《はぐち》や鉄滓《てっさい》が多量に出土したことから（図56）、調査区外の北西側に広がるこの二条の谷川にはさまれた区域に、鍛冶にかかわる遺構が存在することも確実と見られる。

図 56 ● フイゴの羽口・鉄滓
弥勒寺西遺跡には、鉄器生産にかかわる工房も存在したことを示している。

2 美濃ではじめて出土した古代木簡

召喚木簡の発見

木製品は斎串《いぐし》、人形代《ひとかたしろ》（図57）、舟形代（図58）、刀形代などの祭祀具、曲げ物、折敷《おしき》（図59）、案《あん》（机）の脚と思われる組み合わせ部材、箸、手斧《ちょうな》のハツリ屑、燃えさし、小札状の有孔方形板（ササラか）、建築部材の一部と思われるものなどが出土しているが、特筆すべきものは、美濃ではじめて発見された古代の木簡である。

図 57 ● **斎串・人形代**（左）**と出土状況**（右）
斎串に幣紙（へいし）をはさんで地面に突き刺して結界を示し、
人形代は清冽な水に流して穢（けが）れを祓（はら）う。

図 58 ● **舟形代**
穢れをうつして水に浮かべる、舟を模した形代。

木簡は、五点出土したが、そのなかでも第四号木簡は、郡符木《ぐんぷもっ》簡《かん》の可能性が高い（図60）。郡符木簡とは、公式令一三符式条に規定された「郡（司）符す…」の文言から書き始められる木簡で、郡司から管下の里（郷）長などに宛てた下達《かたつ》文書である。

平川南《ひらかわみなみ》の研究によれば、おもに召喚にかかわる命令書で、通常の木簡の倍の長さ（二尺〈約六〇センチ〉）をもつ。二尺という長大さは、在地社会における権威の象徴としての意味をもち、また、これをたずさえて召喚先へ向かう人びとの通行証ともなる。そして、役目を終えた後は、そうした権威ある木簡の不正使用を防ぐために、こまかく切断して廃棄された。そのため、この木簡が出土した場所は、郡衙に関連した施設であった証拠ともなる。

古代における地方末端行政のあり方を具体的に知ることのできる重要な史料として、この郡符木簡は、とみに注目されている遺物の一つである。幅三・四センチ、厚さ四ミリの檜《ひのき》材。「建マ《たけるべ》□万《まろ》」などの人名が割書き（二行書き）され、「右件人等以今時卯向」（右件《くだん》の人等《ひとら》、今、卯時《うのとき》〈午前六時〉を以《も》って向かえ）と緊急に出仕する旨と、さらに裏面には「若怠者重……」（若《も》し、怠《おこた》らば、重い……）と命令に背いた場合の刑罰をも記した「召文《めしぶみ》」

図 59 ●曲げ物（左）**と折敷底板**（右）
小型の曲げ物は径 10 cm、高さ 3.4 cm。折敷は楕円形で取っ手の付くもの。長さ 63 cm。

（召喚状）と考えられる。残念ながら見つかった三片の内、下端の二片（「右件人等＋以今時卯向」長さ一九・五センチ）は直接接合するものの、歴名《れきめい》部分（人名が列記された断片、長さ一〇・六センチ）の上下、つまり上端と中間が欠損しているため全文はつかめない。

それぞれの断片は、ほぼ一〇センチ毎の長さに意図的に折って廃棄されたとみられ、欠損した断片も同様の長さであったとすると、少なくとも五〇センチ以上の木簡であったと推測される。決め手となる書き出し（差出）の部分や宛所を確認できないが、武義郡衙から発せられた

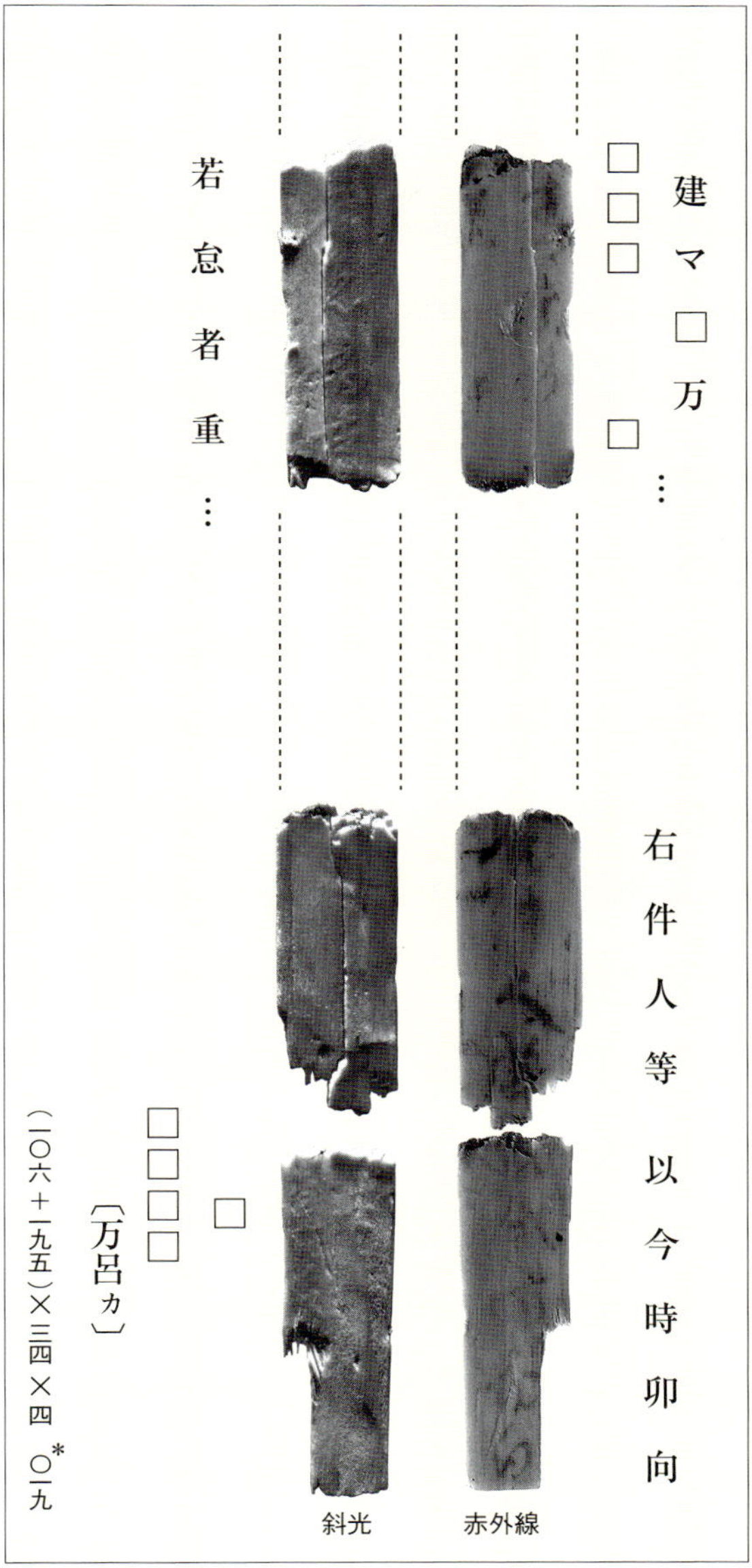

右件人等以今時卯向
建マ□万…
□□□　□
若怠者重…
□
□□□□
〔万呂カ〕
（一〇六＋一九五）×三四×四　〇一九*
斜光
赤外線

図 60 ● 召喚木簡
人の召喚を命じた「郡符木簡」と考えられる。召喚先である武義郡で、不正な使用を防ぐためにこまかく折って廃棄された。（＊：木簡の型式番号）

律令の規定による文書様式を備えた、いわゆる郡符木簡と考えられる。これまでに、全国で十数例しか知られておらず、さらに、郡衙の遺構が明らかな遺跡からの出土は、はじめてである。

ここにみえる「建部《たけるべ》□万《まろ》」らは、弥勒寺西遺跡でおこなわれた祭祀で、なんらかの役割をになうために召喚された人びとだったのではないかと想像される。

墨書土器「大寺」

出土した墨書土器は、八世紀後半から九世紀にかけての須恵器で、器種や墨書の部位はさまざまであり、「大寺」、「寺」、「厨」、「塔」、「寺家」をはじめ、「廣万呂」、「真枚」、「南栄」（人名）、「大田嶌」（地名か）、「冨」、「田冨」、「福」、「富井」、「大福」（吉祥）、「身月園田」（習書）、「池」、「鬼女」、「得女」、「稲女」、「供」、「朝□（臣カ）」など二〇〇点を超える（図61）。これまでに県下で確認されている古代の墨書土器の数を一遺跡で凌駕《りょうが》する。その内の二〇点以上、つまり一割以上の文字が「寺」ないし「大寺」、「寺家」であった。

墨書土器「大寺」は、一九九八年と一九九九年に実施した「弥勒寺」講堂跡の調査において、明瞭に読めるものが出土して以来、これまでに十数点確認しているが、すべて灰釉陶器（九世紀後半）であった。

弥勒寺西遺跡の調査によって、「弥勒寺」が「大寺」とよばれていた事実が、半世紀から一世紀さかのぼることが確認されたのである。しかし、なぜ八世紀中葉以降に開拓されたと思われる西の谷の祭祀場にだけ墨書土器が多量に見つかるのか。また、神祇的な祭祀に寺が大いに

「大寺」

「塔」

「厨」

「巳人」

「大田嶌」

図 61 ● 墨書土器

みつかった墨書土器 200 点余のうち、判読できたものが 100 点余、さらにそのうちの 20 点以上が「寺」ないし「大寺」「寺家」である。

関与し、僧侶が参加していたのだろうか、という漠然とした疑問が残った。

そのほかの遺物としては、丸瓦、平瓦（凸面布目を含む）鉄釘、銭、硯《すずり》・灯明皿《とうみょうざら》・漆容器として使用された須恵器、桃核・胡桃《くるみ》などの種子類、樺紐《かばひも》（折敷や曲げ物をとじる樹皮）、砥《と》石《いし》、石製紡錘車《せきせいぼうすいしゃ》などがある。

3 ムゲツ氏と水の祭祀

『続日本紀』霊亀三（七一七）年九月に、「元正天皇が美濃当耆郡《たきのこおり》に行幸し、醴泉《れいせん》をご覧になる」という記事がある。いわゆる「養老改元」の契機になった著名な出来事である。そのとき、醴泉の所在する当耆と行宮が置かれた不破の二郡と、行宮に奉仕した方県《かたがた》・務義《むぎ》（武義）の二郡の百姓（人びとの意）は、その年の田租が免除されている。

なぜ周辺の郡ではなく、遠く離れた方県・務義の一部の人びとが行幸に駆り出されたのか。遠因は、壬申の乱での活躍に求められるのであろうが、もう一つ注目すべきことは、朝廷とのかかわりにおいて、ムゲツ氏のもっていた役割である。

『正倉院文書』に残る美濃の戸籍によれば、ムゲツ氏が本拠とする地域には、領内の美泉を汲み、

『延喜式』主水司

御生気御井神一座祭 中宮准レ此

（中略）

右随二御生気一。択二宮中若京内一井甚レ用者一定。前冬土王。令二牟義都首漬治一即祭之。至二於立春日昧旦一。牟義都首汲レ水付レ司擬二供奉一。一汲之後廃而不レ用。

図 62 『延喜式』主水司式
牟義都首が立春に若水を汲み天皇にたてまつる。

大王家に献上する服属儀礼に奉仕する水取部《もいとり》の存在がみえる。さらに、『延喜式』（九〇五年に編纂が始まり、九二七年に完成）「主水司《もいとりのつかさ》式」には、「牟義都首《むげつのおびと》」が、京内の井戸を定め、清浄にして、立春の味旦《まいたん》（あかつき）に若水を汲み、天皇に奉ることが規定されている（図62）。ここで登場する牟義都首は、特定の人物ではなく、この儀式に奉仕するムゲツ氏の責任者、あるいは職名的なものと思われる。

ムゲツ氏は、大化前代からの役割をもちつづけ、やがては宮中における水の祭祀にかかわる中心人物になっていく。こうした遺制をかたくなにもちつづけたムゲツ氏の姿を、弥勒寺西遺跡の祭祀跡に見ることができるのではないだろうか（図63）。

4 「弥勒寺」とのかかわり

二〇〇六年一一月から翌年の三月にかけて、弥勒寺西遺跡の範囲を確認する目的で、谷の奥と入り口の三

図63 ●水辺の祭祀の復元図

カ所に試掘坑を設けて調査を実施した。その結果、谷の奥に設けた二カ所の試掘坑において、山裾まで利用した大形の掘立柱建物群が、幾時期にも重なって検出され、またそれらの建物群が展開・変遷する過程に竪穴住居も混在したことがみてとれた。しかも、その竪穴住居の床面からは、「寺」と書かれた墨書土器が出土したのである。このほかにも出土した土器のなかに「寺」、「大寺」の可能性が高い墨書を読みとることができる破片が何点か含まれている。

これらのことから、大形の掘立柱建物群は、「弥勒寺」の経営を司《つかさど》る役所や僧侶たちの宿舎、すなわち僧房だったのではないか、また、竪穴建物はそれらに関連する施設（竈屋《かまどや》など）であったのではないか、という仮説にごく自然にたどりつく。そもそも弥勒寺跡の四囲は、背後に池尻山が迫り、前面は長良川、東は郡衙、残る西の狭い空間に、掘立柱建物二棟と竪穴住居一軒を検出してはいるが、それにしても往時には、大勢いたであろう僧侶をはじめ、寺院の経営にたずさわった人たちが居住した空間としては狭すぎることに、いまさらながら思い至る。

第一次調査で抱いた疑問は、一気に解決の糸口がつかめてきた。祭祀の場や鍛冶にかかわる工房だけではなく、この谷でも空間をあますところなく利用していた様子が浮かび上がってきたのである。また、この谷の開発は、「弥勒寺」造営と同時に開始されていた可能性も高い。弥勒寺西遺跡の全容解明には、さらなる調査が必要である。

第５章　地方豪族から律令官人へ

1　浮かびあがる「弥勒寺」建立前後の歴史

天武・持統朝と美濃国

壬申の乱に際して、大海人皇子の命令が伝えられた美濃国味蜂間《あはちま》郡湯沐邑《ゆのむら》とは、もともと東宮（皇太子）の経済的基盤であり、そこからの封物（俸禄として上級貴族に与えられた田租の半分、または全部と庸《よう》・調《ちょう》）は国司を介すことなく直接徴収されていた。つまり、大海人皇子に対する強い従属性をもっていた私領地的な存在であったのである。

八賀晋《はちがすすむ》の研究によれば、湯沐邑には鉄の産地（大垣市・金生山《きんしょうざん》）があり（図64）、そこで生産・保管された武器庫の存在がこの地をめぐる攻防と乱の行方を左右した重要な意味をもっている。

また、伊勢から美濃、琵琶湖東岸にかけての大海人方の進軍ルート（図1参照）に沿って、川原寺式の瓦（同笵＝同じ型でつくられたと考えられるものを含む）をもつ白鳳寺院が分布する。これは乱後の行賞の結果、より強固に結ばれた天武・持統朝とこの地方の関係が背景にあった。壬申の功臣たちが中央の援助を得て、こぞって寺院の造営に力を注いだのである。

大化の改新以来、中央政界の揺れに応じた諸局面において、地方豪族たちはそのつど、むずかしい選択を強いられたであろう。七世紀の中葉ころ、自然の要害としての側面をもつ小瀬峡谷にムゲツ氏の拠点が置かれ、やがて郡衙となっていったのも、そうした地方豪族の動きを反映していると考えられる。

ムゲツ氏が、どのような変容をとげていったかを弥勒寺遺跡群の変遷を追ってみてゆこう。

図 64 ● 味蜂間郡と金生山
奈良時代初め頃の美濃・飛驒国の郡。

遺跡群の変遷

Ⅰ期（七世紀後半から八世紀初頭）　Ⅰ期の段階において段丘の中央部を占めていた豪族居宅は、Ⅰ期の後半（「弥勒寺」の造営が始まるころ）になると順次東へ場所を移し始める。これが、正倉院下層の西ブロックから東ブロックへの移動である。また、郡庁院下層の大形建物は、すでに豪族居宅とは別に「評衙」として、「まつりごと」の空間が成立していた可能性を示すものである。

「弥勒寺」の造営　郡庁院、正倉院を置くために、それ以前に段丘の中央部分を占めていた建物群は東へ位置を移していったと考えられるのに対して、Ⅰ期の後半から造営が始まる「弥勒寺」の伽藍は、西側の丘陵を削平することによって、一段高い位置に寺域が確保されたと考えられる（図65）。

発掘調査の成果は、寺院と郡衙を一体施設として併存させる当初からの計画性を物語っている。たとえば、伽藍の中軸線は正確に南北をとりながら、南門とそれにともなう塀は、中軸線に対して斜交し、正面が少し東向きになっている。この現象は、

図65●郡庁院

弥勒寺東遺跡が明らかになるまでは謎であったが、寺院の東に隣接する郡衙の諸施設は、等高線に沿うように配置されているため、寺院の南門よりさらに東を向く形になっている。
　これは、寺院・郡衙の全体としての正面観の統一が図られた結果と考えられる。すなわち、弧を描いて流れる長良川のどの位置からでも、常に郡庁院や正倉院、寺院の正面を望むことができる配置が意図された結果と見ることができる（図66）。

Ⅱ期（八世紀初頭から一〇世紀前半）

　律令制下になると、段丘の主要な部分を占めるのは、一段高い段丘面に置かれた正倉院と、その前面で長良川に直接対峙《たいじ》する郡庁院である。正倉の造営は西から東へと進み、正

図66 ●長良川に面して建てられた寺院と郡衙

倉院を囲む溝の東辺が最終的にめぐる頃に館・厨区域に展開していた建物群を廃絶させている。

このように、寺院を含む一連の造営事業を管理した建物群は東へ順次移動していったと想定されるが、それが最終的におさまる区域は、溝①にとり囲まれた範囲（未調査区域）ではないかと考えている。つまり、館院・厨院の成立である。

遺跡東端の門は、館・厨区域の建物群と棟方向が関連することから、郡衙の東門ではなく、館・厨区域の門、すなわち豪族居宅の門と評価したい。したがって、門の廃絶は、館院・厨院の成立と連動している可能性がある。

西の谷の開発　「弥勒寺」の西側の谷には、僧房などの寺院にかかわる諸施設や鍛冶工房があった可能性が高く、今後の調査に期待がかかっている。

奈良時代の後半頃からは、この谷の湧水を利用した祭祀の空間が整えられ、郡司が司祭者となって律令祭祀がおこなわれていた。寺院や郡衙の諸施設がひしめき合う東の区域には、もはや余地がなく、西の谷を開発して、これらの空間を確保したものと思われる。

計画性をもってつくられた官衙

発掘調査の成果から、「弥勒寺」を造営し、武義郡衙を成立させた勢力は、大王を中心とする中央集権国家を目ざした都の政権と密接なかかわりをもち、その理想をこの地にあって実現することを強く意識した氏族であったことがうかがえる。

壬申の乱を乗り越えたムゲツ氏は、郡領としての地位を確固たるものにし、中央との結びつきを背景に寺院を建立し、みずからの拠点を郡衙に変えていったのである。

遺跡は、「弥勒寺」建立を契機として大きな変貌を遂げた。逆に、地形的な制約があったからこそ、勢い綿密な計画が必要であったとも考えられる。狭小な河岸段丘をあますところなく利用し、寺院・郡衙の諸施設を緻密に、かつ合理的に配置していった。それらが初めから一体のものとして計画されていたことは明らかで、人びとに荘厳な建物群を誇示する視覚的効果を充分に考えていたことも想像される。

2　律令体制を見える形に

律令国家の地方支配

律令国家の地方支配は、地方豪族がそれまでつちかってきた伝統的な地域の支配（あるいはまとまりと言ってもよい）を、律令制というシステムのなかにうまくとり込み、統合することで実現したと言っても過言ではない。

都に置かれた中央官制は、いわゆる二官八省とよばれ、祭祀をつかさどる神祇官、行政をつかさどる太政官の二官と、そのもとに中務省、式部省、治部省、民部省、兵部省、刑部省、大蔵省、宮内省などが置かれた（図67）。

国土は五畿（大和国、山背〈城〉国、摂津国、河内国、和泉国）七道（東海道、東山道、北陸道、山陰道、山陽道、南海道、西海道）に区分され、それぞれに編成された各国の下に郡、

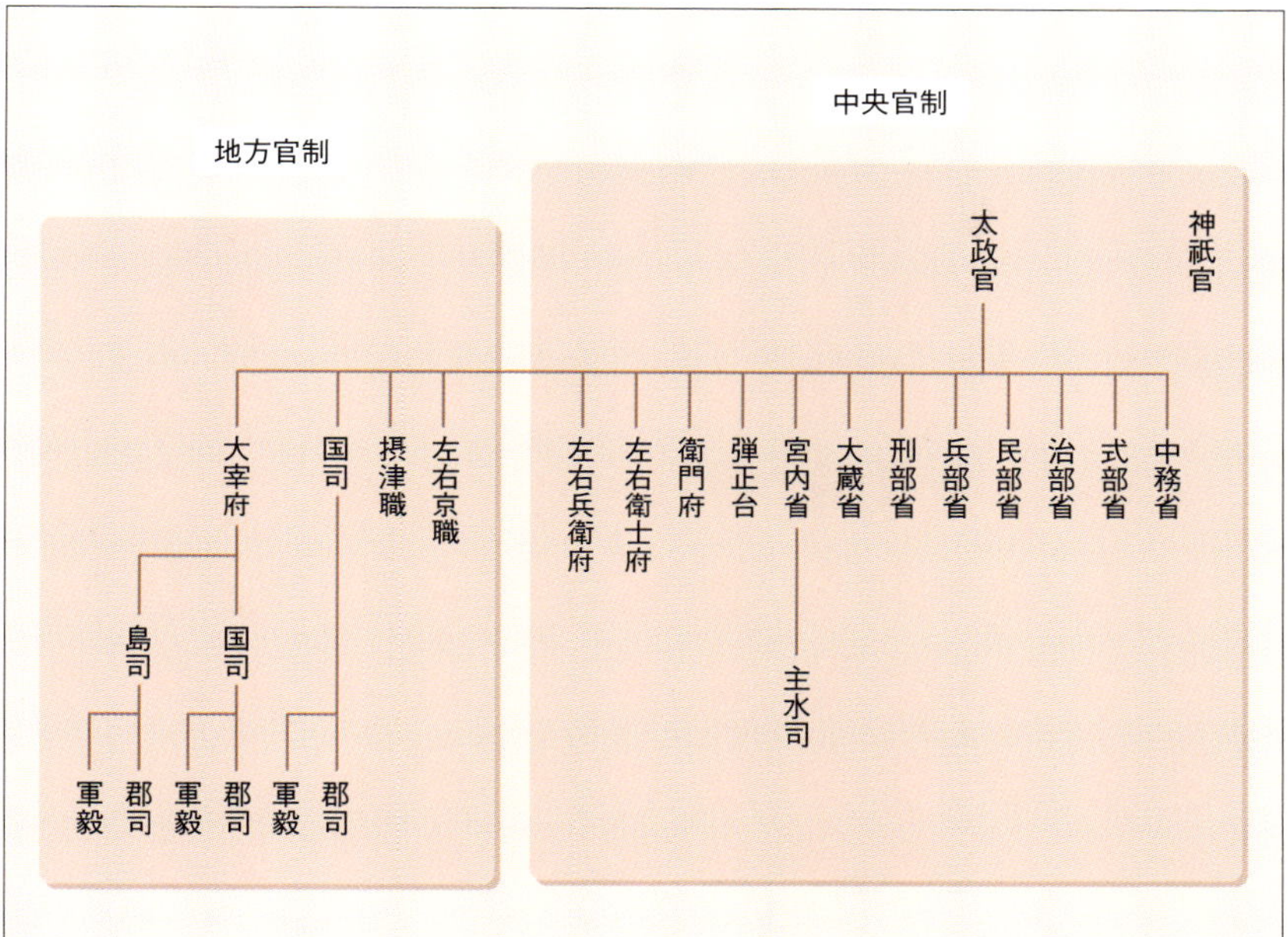

*軍毅は、軍団の指揮官である大毅・少毅の総称。軍団は千人を単位として、数郡に一つ程度で置かれていた。

図 67 ● 秩序を全土に行き渡らせようとした律令国家の組織

郡の規模

	里　数
大　郡	20 ～ 16
上　郡	15 ～ 12
中　郡	11 ～ 8
下　郡	7 ～ 4
小　郡	3 ～ 2

郡司の定員数

	大　領	少　領	主　政	主　帳
大　郡	1	1	3	3
上　郡	1	1	2	2
中　郡	1	1	1	1
下　郡	1	1	0	1
小　郡	郡　領 1		0	1

図 68 ● 郡の規模と郡司の定員数
武義郡は、855 年（斉衡 2）に群上郡が分立するまでは、13 の里を擁する上郡であった。

郡の下に「五十戸」を基本とした里（郷）を置く、いわゆる国―郡―里（郷）制を貫徹させ、そこに太政官に連なる地方官制として、国司、郡司が置かれていた（図67）。

都から派遣される国司は任期があるのに対して、郡司は地方の伝統的な支配勢力から選ばれ、原則として終身任官であった。律令国家の根幹を支えていたのは、地域ごとのまとまりであり、地域の利害を代表する勢力を束ねる確固たる仕組みとしての律令制を全土に行き渡らせることに力がそそがれたのである。

郡は、統治する里の数によって大郡から小郡までの五段階に等級が分かれ、それによって任用される郡司の員数が定められていた（図68）。ちなみに、武義郡は八五五年（斉衡《さいこう》二）に群（郡）上郡が分立されるまでは、一三の里（郷）を擁した、大領一、少領一、主政二、主帳二の六人が四等官を務める上郡であったと考えられる。郡司に期待されたもっとも重要な役割は、それまでの地域支配に律令制の網をかぶせること、すなわち個別人身支配のための戸籍の作成と、それをもとに調庸物を徴収し、都に租税を集中させることである。

大宝律令が施行される以前の七世紀の後半段階で、評（大宝律令以降に郡となる）が置かれた地域の伝統的支配勢力は、評司《ひょうじ》に任命され、すでに律令官人としての道を歩み始めていた。地方豪族たちの選択として、大王家と結びつくことによって、みずからの支配の正当化をはかろうとした側面もある。この段階での中央と地方の結びつきは、いわば点と線であり、律令という枠組みを得てはじめて、領域としての地方支配が進むことになる。

評衙

近年、奈良の飛鳥池《あすかいけ》遺跡や石神《いしがみ》遺跡から、天武・持統朝を中心とする、美濃にかかわる多くの木簡の出土が知られ、律令国家の成立に美濃の力が大きく作用したことを物語っている。

そのなかに、表「乙丑年十二月三野国ム下評」、裏「大山五十戸造ム下ア知ツ（改行）従人田ア児安」（石神遺跡第一五次調査）の荷札木簡がある。「国―評―五十戸」制を示す最古の木簡である。

乙丑年は、天智四年（六六五）と考えらることから、このとき、すでに「ム下評」が存在し、貢進物の勘検《かんけん》を実施し、それを証す荷札を発行する役所、すなわち評衙が存在していたことを示している。この荷札は、まさにここでしたためられたものに違いない。

ムゲツ氏の拠点は、おそくとも七世紀の中葉にはこの区域に成立しており、しかもその一画は、すでに役所（評衙）として機能していた。

律令制を体現する遺跡群

郡庁院の整然とした建物配置は、これまでに明らかになっている郡衙遺跡では例がなく、むしろ北部九州の大宰府をはじめとするその周辺の国府や、東北の多賀城をはじめとする城柵《じょうさく》官衙に多くみられる形式である。

いずれも当時、国家的な政策の一環として、国が直接経営に乗り出した地域であり、またその拠点である。この点からも、早い段階から中央との強いつながりを背景に、律令国家の実現に積極的にとり組んだムゲツ氏の姿が浮かび上がってくる。

しかし身毛君広は壬申の乱以後、史料から姿を消し、その没年すら不詳である。それは、地方にあってその地歩を固めることに専念した氏族であり、乱の後、中央政界へ進出する村国氏とは対照的な在地性、土着性の強い美濃の伝統的な古代豪族であったと説明されてきた。

遺跡から読みとれる事実を考えあわせると、ムゲツ氏はその在地性、土着性の強さを活かして律令制の体現者としての使命を果たした氏族であったと再評価したい。東国支配の最前線として、国府政庁に匹敵する郡衙政庁を成立させ、律令制を人びとの目に見える形にしたのである。

長良川の水運

郡衙としての繁栄もまた、河川の果たした役割によって維持することができたと考えられる。小瀬峡谷は河川交通の管理に適した地であり、律令制下においてはそれを最大限に活かすことができたのである。長良川の舟運によって郡内一円の物資をすみやかに集積することが可能であったに違いない。

租税として徴収された稲穀の集積だけではなく、調庸物のとりまとめと運び出しにも効果を発揮したことは言うまでもない。運び込まれた物品に荷札木簡を付し、都への搬送をとり仕切るのは郡衙の役割であり、出荷が規定どおりおこなわれるように管理したのである。出荷量の管理は、同時にその生産の管理をも意味する。

このような、いわゆる津としての機能、すなわち、人・物・情報が集まる物資流通《ロジスティックス》センターとしての役割が、成立以来の壮麗さを廃絶を迎えるまで失わせなかったもっとも大きな理由の一つと考えられる。

美濃国府と武義郡衙

美濃国府跡は、一九九一年から垂井《たるい》町教育委員会による発掘調査が進められている。二〇〇三年までの一三次にわたる発掘調査によって、東西六七・二メートル、南北七二・六〜七三・五メートルの掘立柱塀によって囲まれた範囲に、四面廂の正殿と東西両脇殿が整然と配置された国府政庁の姿が明らかにされた（図70）。

図 69 ● 正倉院と弥勒寺

規模こそ若干異なるものの、武義郡衙のそれと類似していることは一目瞭然である。建物配置もさることながら、注目すべき点は建て替えの状況である。美濃国府政庁を構成する建物群は、第一次掘立柱建物→第二次掘立柱建物→礎石建物と、ほぼ同じ位置で変遷している。このような政庁の建て替えにみられる踏襲性は、国府政庁には一般的にみられる特徴とされているが、その下に連なる武義郡衙政庁の変遷がみごとに一致するのである。

武義郡衙が廃絶（一〇世紀の前半）を迎えるまで、その形式を維持することができた背景には、政庁の形を決定的に変化させるような、社会的必然性がなかったと考えざるをえない。そこに、ムゲツ氏の保守的な性格を読みとることもできるが、このようなあり方は、その支配が

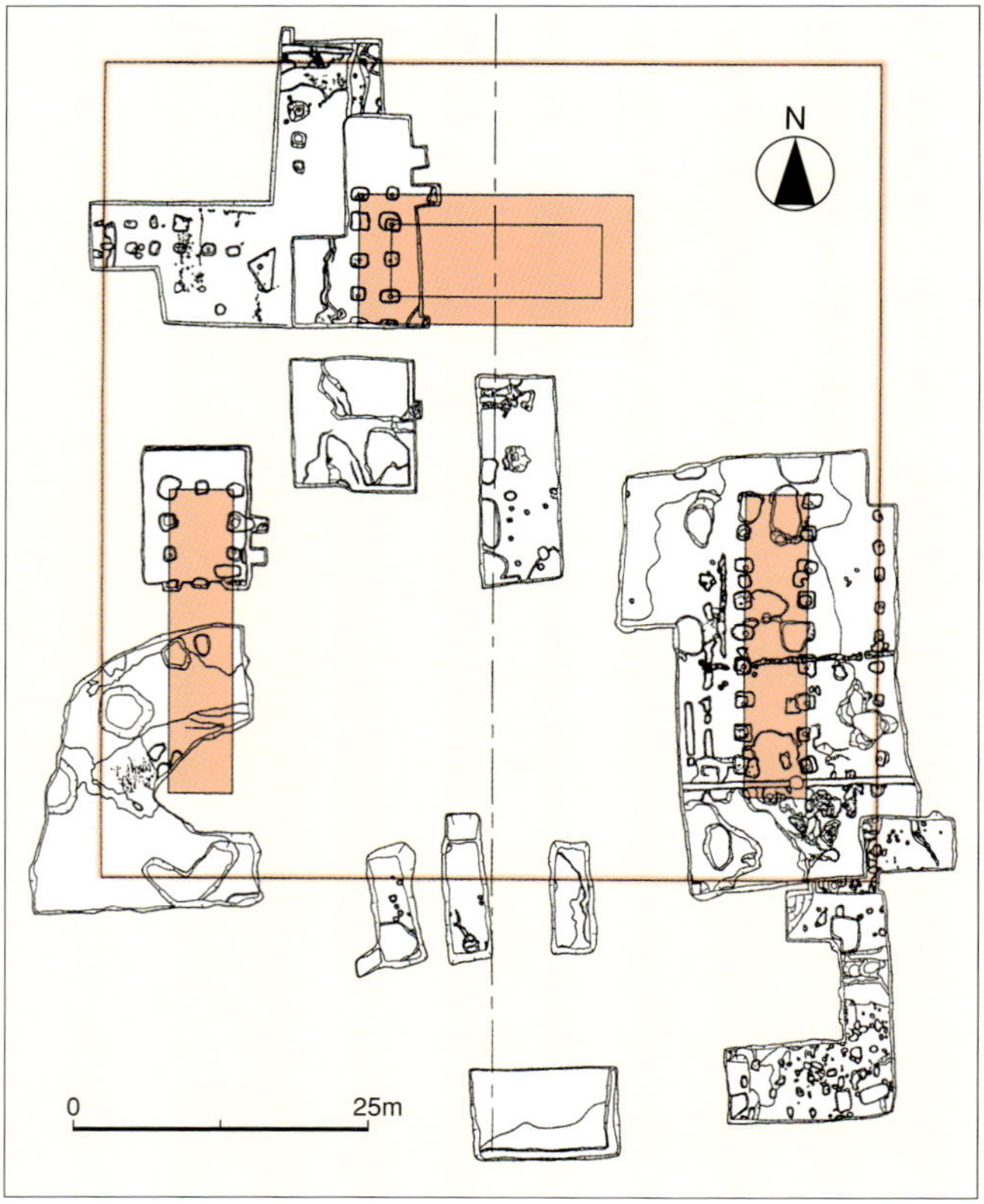

図 70 ● 美濃国府跡
整然と「品」字形に配置された建物群。同じ位置で、掘立柱建物→掘立柱建物→礎石建物と建て替えられている。

およんだ地域の安定した状態をも推測させる。少なくとも郡領たる同氏がそうした状態をかたくなに志向しつづけたことの反映であろう。美濃国府と武義郡衙が密接な関係にあったことは言うまでもないが、政庁の建物群に共通するこのような特徴は、美濃の古代における為政者たちの姿勢を反映する注目すべき現象であり、看過できない。武義郡衙は成立当初、国府に求められた働きと同様の機能をもっていたか、あるいは期待されていたのではないだろうか。

3　弥勒寺の法灯

新たな縁起

中世になると武義郡衙は完全な廃墟となり、地面に土坑がいくつも群集してうがたれた荒野で、建物の跡はいっさい確認されない。土坑は一定の範囲内に切り合いながら一〇〜二〇基が集中して一つの単位をなし、その単位は今度は重なり合うことなく点在している。土坑のなかには小さな銅鏡や、茶碗と皿一組が入れられることもあるが、むしろそうした例はまれであり、実はそのほとんどが「ただの穴」なのである。これらは庶民の質素な墓、いわゆる土壙墓《どこうぼ》である。

一方の「弥勒寺」は従来、平安時代の中ごろに火災に遭い、それ以降は再建されることもなく、律令体制の崩壊とともに忘れ去られていったと考えてきた。ところが、講堂跡の調査において、基壇面の玉石敷きを固定する粘質土のなかに山茶碗《やまぢゃわん》片の混入が認められた。中世の段階においても再建ないし補修がおこなわれていたらしいことがわかってきたのである。

そのほかの堂宇がどのようであったかは今後の調査を待たなければならないが、少なくとも講堂は、人びととの信仰の対象として生きつづけていた可能性が出てきたわけである。律令制下の郡衙と寺院は、中世にあっては庶民の共同墓地と寺という、まったく意味合いの異なる空間にさま変わりした姿が想像される。

弥勒寺は円空終焉の寺としても知られ、河畔には県指定史跡円空入定《にゅうじょう》塚がある。円空が中興した弥勒寺（天台宗龍華山弥勒寺）は、現在もこの地にその法灯を守り伝えている。

図71 ●円空入定塚
長良川畔にたたずむ県指定史跡「円空入定塚」碑。

これからの弥勒寺遺跡群

「君のこの一〇年の苦労話が〝学ぶシリーズ〟にならないか」

近藤義郎先生のおすすめで、本巻の筆硯をおあずかりすることになった。

「発掘はたった一人ではできない。多くの人との協働ではじめてできる仕事だ」

学生時代に薫陶を受けた先生のいましめを、この仕事について以来、ずっと実感している。

まず、発掘調査をともにするシルバー人材センターのおっちゃん、おばちゃんたち。弥勒寺東遺跡の調査は、おもに地元池尻のシルバーの皆さんが参加してスタートした。以来十数年、弥勒寺は言うにおよばず、市内のいたる所で、いっしょに汗を流す同士として、調査にあたってきた。いまでも現役で発掘調査に参加している方もいる。現場は、シルバーの皆さんそれぞれの経験《キャリア》をいかした、いろいろな技《スキル》や工夫《アイディア》に支えられている。

次に、発掘調査の技術面を支える補助調査員の皆さん。我々の調査に対するこだわり（わがまま？）を実現してくれる人たちだ。彼女たちの助けなしでは調査も整理も進まない。そんな人たちと日々さまざまな発見をともにし、感動を分かち合い、地域の歴史を掘り起こす体験は、得がたいキラキラした時間となっている。もちろん辛いことも多いが、そんな思いが地元に通じたか否かはともかくとして、地権者の皆さんのご理解とご協力により、「弥勒寺官衙遺跡群」の国史跡指定が実現した。

これからは、いかに遺跡群を後世に護り伝え、現代にどういかしていくのか、整備と活用に向けたとり組みが問われている。

主な参考文献

石田茂作　一九五四「美濃弥勒寺の発掘」『ＭＵＳＥＵＭ』三六〜三八号　東京国立博物館
楢崎彰一　一九五七「美濃市大矢田丸山古窯址群の調査」『日本考古学協会第二〇回総会研究発表要旨』日本考古学協会
野村忠夫　一九六七「村国連氏と身毛君氏─壬申の乱後における地方豪族の中央貴族化」『律令官人制の研究』吉川弘文館
八賀　晋　一九七三「地方寺院の成立と歴史的背景─美濃の川原寺式瓦の分布」『考古学研究』二一─一　考古学研究会
関市教育委員会　一九八〇『史跡 弥勒寺跡附丸山古窯跡　保存管理計画書』
関市教育委員会　一九八六『国指定史跡 弥勒寺跡』
関市教育委員会　一九八八〜一九九〇『弥勒寺跡─範囲確認発掘調査報告書』Ⅰ〜Ⅲ
八賀　晋　一九九三「「不破道を塞ぐ」考」『論苑考古学』天山舎
関市教育委員会　一九九五『新修 関市史〝史料編〟古代・中世・近世一（支配・貢租）』関市
山中敏史　一九九四『古代地方官衙遺跡の研究』塙書房
田中弘志　一九九六「池尻大塚古墳測量報告」『美濃の考古学』創刊号　美濃の考古学刊行会
早川万年　一九九九「岐阜県出土の文字資料について─七世紀後半から一〇世紀の墨書・ヘラ書き土器」『岐阜大学教育学部研究報告＝人文科学＝』四七─二　岐阜大学 教育学部
関市教育委員会　一九九九『美濃国武義郡衙 弥勒寺東遺跡─第一〜五次発掘調査概要』
平川　南　二〇〇三『古代地方木簡の研究』吉川弘文館
垂井町教育委員会　二〇〇五『美濃国府跡発掘調査報告Ⅲ』
奈良文化財研究所　二〇〇六『評制下荷札木簡集成』
関市教育委員会　二〇〇七『国指定史跡 弥勒寺官衙遺跡群』

弥勒寺遺跡群

・岐阜県関市池尻字弥勒寺
・名鉄美濃町線・新関駅よりタクシーで約10分。東海北陸自動車道・関ICから車で15分。

弥勒寺東遺跡　東端の門跡

弥勒寺東遺跡　正倉院の礎石

・遺跡は埋め戻されているが、わずかに官衙の礎石をみることができる。出土遺物の瓦類、硯、墨書土器などは、関市円空館で見学できる。
・問い合わせ先　関市教育委員会文化課
電話　0575（24）6455

関市円空館

・岐阜県関市池尻185
・電話　0575（24）2255
・開館時間　9：00〜16：30
・休館日　月曜日、祝日の翌日、12月29日〜1月3日、展示替えのため臨時に休館することがあります。
・入館料　大人200円、中学生以下無料

関市円空館

刊行にあたって

「遺跡には感動がある」。これが本企画のキーワードです。

あらためていうまでもなく、専門の研究者にとっては遺跡の発掘こそ考古学の基礎をなす基本的な手段です。また、はじめて考古学を学ぶ若い学生や一般の人びとにとって「遺跡は教室」です。

日本考古学では、もうかなり長期間にわたって、発掘・発見ブームが続いています。そして、毎年厖大な数の発掘調査報告書が、主として開発のための事前発掘を担当する埋蔵文化財行政機関や地方自治体などによって刊行されています。そこには専門研究者でさえ完全には把握できないほどの情報や記録が満ちあふれています。しかし、その遺跡の発掘によってどんな学問的成果が得られたのか、その遺跡やそこから出た文化財が古い時代の歴史を知るためにいかなる意義をもつのかなどといった点を、莫大な記述・記録の中から読みとることははなはだ困難です。ましてや、考古学に関心をもつ一般の社会人にとっては、刊行部数が少なく、数があっても高価なその報告書を手にすることすら、ほとんど困難といってよい状況です。

いま日本考古学は過多ともいえる資料と情報量の中で、考古学とはどんな学問か、また遺跡の発掘から何を求め、何を明らかにすべきかといった「哲学」と「指針」が必要な時期にいたっていると認識します。

本企画は「遺跡には感動がある」をキーワードとして、発掘の原点から考古学の本質を問い続ける試みとして、日本考古学が存続する限り、永く継続すべき企画と決意しています。いまや、考古学にすべての人びととの感動を引きつけることが、日本考古学の存立基盤を固めるために、欠かせない努力目標の一つです。必ずや研究者のみならず、多くの市民の共感をいただけるものと信じて疑いません。

監　修　戸沢　充則

編集委員　勅使河原彰　小野　昭
小野　正敏　石川日出志
小澤　毅　佐々木憲一

著者紹介

田中弘志（たなか・ひろし）

1962年生まれ。1990年岡山大学大学院文学研究科史学専攻（考古学）修了。岐阜県高等学校教諭を経て、1996年関市教育委員会 文化課。

現在、関市文化財保護センター 課長補佐。

主な著作　「「古墳」が語るもの」『新修 関市史 通史編』関市、「弥勒寺東遺跡と武義郡衙」八賀晋編『美濃・飛騨の古墳とその社会』同成社、「「郡寺」と郡衙」『地方官衙と寺院』奈良文化財研究所、「弥勒寺遺跡群」文化財保存全国協議会編『新版　遺跡保存の事典』平凡社、「弥勒寺」『歴史考古学大事典』吉川弘文館ほか

写真提供・図の出典

下記以外は、関市教育委員会より提供
図5：国土地理院　5万分の1地形図「美濃」「岐阜」
図70：垂井町教育委員会2005より引用
復元・想像図は、発掘調査の成果に基づいて、田中ひかる が描いた。
割付、校正に加納英子の協力を得た。

シリーズ「遺跡を学ぶ」046

律令体制を支えた地方官衙・弥勒寺《みろくじ》遺跡群

2008年5月15日　第1版第1刷発行

著　者＝田中弘志
発行者＝株式会社 新 泉 社
東京都文京区本郷2-5-12
振替・00170-4-160936番　TEL03(3815)1662／FAX03(3815)1422
印刷／萩原印刷　製本／榎本製本

ISBN978-4-7877-0836-6　C1021

シリーズ「遺跡を学ぶ」

A5判／96頁／定価1500円＋税

第Ⅰ期（全31冊・完結）

01 北辺の海の民・モヨロ貝塚　米村 衛
02 天下布武の城・安土城　木戸雅寿
03 古墳時代の地域社会復元・三ツ寺Ⅰ遺跡　若狭 徹
04 原始集落を掘る・尖石遺跡　勅使河原彰
05 世界をリードした磁器窯・肥前窯　大橋康二
06 五千年におよぶムラ・平出遺跡　小林康男
07 豊饒の海の縄文文化・曽畑貝塚　木﨑康弘
08 未盗掘石室の発見・雪野山古墳　佐々木憲一
09 氷河期を生き抜いた狩人・矢出川遺跡　堤 隆
10 描かれた黄泉の世界・王塚古墳　柳沢一男
11 江戸のミクロコスモス・加賀藩江戸屋敷　追川吉生
12 北の黒曜石の道・白滝遺跡群　木村英明
13 古代祭祀とシルクロードの終着地・沖ノ島　弓場紀知
14 黒潮を渡った黒曜石・見高段間遺跡　池谷信之
15 縄文のイエとムラの風景・御所野遺跡　高田和徳
16 鉄剣銘一一五文字の謎に迫る・埼玉古墳群　高橋一夫
17 石にこめた縄文人の祈り・大湯環状列石　秋元信夫
18 土器製塩の島・喜兵衛島製塩遺跡と古墳　近藤義郎
19 縄文の社会構造をのぞく・姥山貝塚　堀越正行
20 大仏造立の都・紫香楽宮　小笠原好彦
21 律令国家の対蝦夷政策・相馬の製鉄遺跡群　飯村 均
22 筑紫政権からヤマト政権へ・豊前石塚山古墳　長嶺正秀
23 弥生実年代と都市論のゆくえ・池上曽根遺跡　秋山浩三
24 最古の王墓・吉武高木遺跡　常松幹雄
25 石槍革命・八風山遺跡群　須藤隆司
26 大和葛城の大古墳群・馬見古墳群　河上邦彦
27 南九州に栄えた縄文文化・上野原遺跡　新東晃一
28 泉北丘陵に広がる須恵器窯・陶邑遺跡群　中村 浩
29 東北古墳研究の原点・会津大塚山古墳　辻 秀人
30 赤城山麓の三万年前のムラ・下触牛伏遺跡　小菅将夫
別01 黒耀石の原産地を探る・鷹山遺跡群　黒耀石体験ミュージアム

第Ⅱ期（全20冊・好評刊行中）

31 日本考古学の原点・大森貝塚　加藤 緑
32 斑鳩に眠る二人の貴公子・藤ノ木古墳　前園実知雄
33 聖なる水の祀りと古代王権・天白磐座遺跡　辰巳和弘
34 吉備の弥生大首長墓・楯築弥生墳丘墓　福本 明
35 最初の巨大古墳・箸墓古墳　清水眞一
36 中国山地の縄文文化・帝釈峡遺跡群　河瀬正利
37 縄文文化の起源をさぐる・小瀬ヶ沢・室谷洞窟　小熊博史
38 世界航路へ誘う港市・長崎・平戸　川口洋平
39 武田軍団を支えた甲州金・湯之奥金山　谷口一夫
40 中世瀬戸内の港町・草戸千軒町遺跡　鈴木康之
41 松島湾の縄文カレンダー・里浜貝塚　会田容弘
42 地域考古学の原点・月の輪古墳　近藤義郎・中村常定
43 天下統一の城・大坂城　中村博司
44 東山道の峠の祭祀・神坂峠遺跡　市澤英利
45 霞ヶ浦の縄文景観・陸平貝塚　中村哲也
46 律令体制を支えた地方官衙・弥勒寺遺跡群　田中弘志